dans la même collection

L'INTERPRÈTE
LAROUSSE

français-allemand
allemand-français

par Jean Ruffet

français-espagnol
espagnol-français

par Antonio García-Pelayo y Gross

français-italien
italien-français

par Richard Silvestri

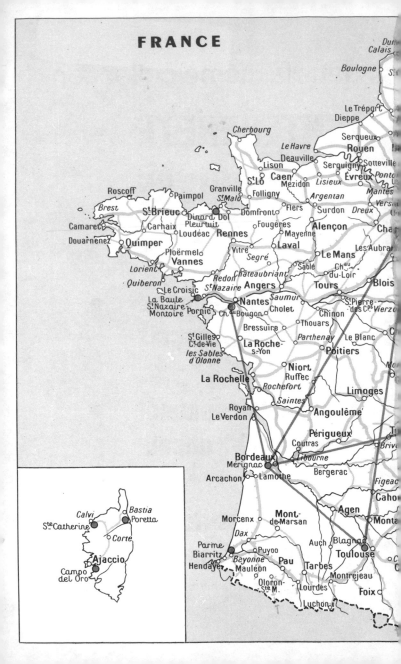

FRANCE

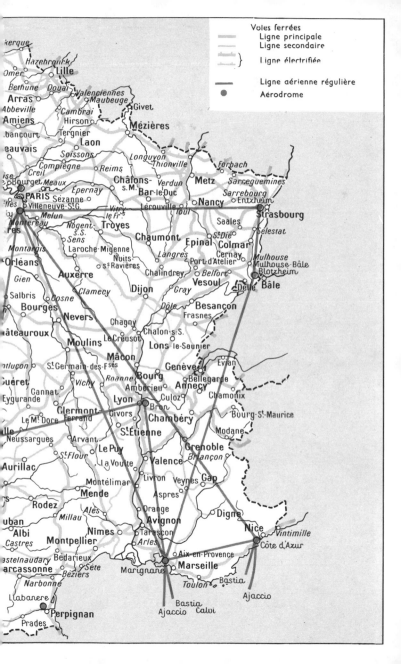

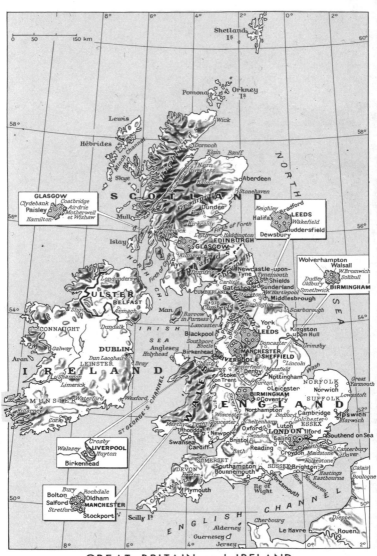

GREAT BRITAIN and IRELAND

L'INTERPRÈTE
LAROUSSE

FRANÇAIS
ANGLAIS

par Jean MERGAULT

ENGLISH
FRENCH

LIBRAIRIE
LAROUSSE

17, rue du Montparnasse, Paris VIᵉ

TABLE MÉTHODIQUE DES TABLEAUX
METHODICAL LIST OF CHARTS

LANGUE — LANGUAGE

prononciation et accent tonique (p. 82), pronunciation and stress
phonétique (p. 72), phonetics (p. 142)
grammaire (p. 46), grammar (p. 129)

article (p. 12), article	*conjonction* (p. 26), conjunction
adjectif (p. 7), adjective	*préposition* (p. 79), preposition
adverbe (p. 7), adverb	*verbe* (p. 100), verb
nom (p. 64), noun	*vous* (p. 107), you

pronoms (p. 81), pronouns *abréviations* (p. 5), abbreviations (p. 110)

vocabulaire
vocabulary

- *nombres* (p. 65), numbers
- *heures* (p. 47), time
- *jours de la semaine* (p. 52), week-days
- *mois et saisons* (p. 62), months and seasons
- *temps* (p. 97), weather, time
- *poids et mesures* (p. 77), weights and measures (p. 158)
- « *faux amis* », *mots pièges*, "false friends" (p. 125)
- *américanismes*, americanisms (p. 112)

SÉJOUR A L'ÉTRANGER — STAY ABROAD

formules de conversation (p. 43)
conversational phrases

- *salutations* (p. 89), greetings
- *remerciements* (p. 86), expressions of thanks
- *excuses* (p. 40), apologies
- *accord* (p. 5), consent
- *refus* (p. 85), refusal
- *désirs exprimés* (p. 32), requests
- *renseignement demandé* (p. 87), enquiry
- *avis au public* (p. 16), public notices

voyage (p. 107)
travel

- *automobile* (p. 13), car, automobile
- *camping et caravaning* (p. 21), camping and caravaning
- *train* (p. 99), train (railway)
- *bateau* (p. 18), ship, boat
- *voyage en avion* (p. 15), air travel
- *bagages* (p. 18), luggage, baggage

formalités (p. 42)
formalities

- *papiers d'identité* (p. 69), identity documents
- *douane* (p. 34), customs, custom-house
- *argent* (p. 11), money, currency
- *assurance* (p. 12), insurance ⟶

ISBN 2-03-401201-1

déplacements *en ville* (p. 31) going about town	*taxi* (p. 96), taxi (-cab) *autobus et tramway* (p. 13), bus and tramcar *métro* (p. 61), underground (railway), tube
hôtel, restaurant hotel, restaurant	*hôtel* (p. 48), hotel *restaurant* (p. 88), restaurant *menu* (p. 59), menu *boissons* (p. 19), drinks *café* (p. 21), coffee-house
santé (p. 89) health	*corps humain* (p. 27), human body *maladies* (p. 56), illness, sickness *médecin* (p. 58), doctor *pharmacien* (p. 72), chemist
toilette et beauté (p. 98) dressing and beauty	*coiffeur* (p. 24), hairdresser *bains, douches* (p. 18), baths, showers *soins de beauté* (p. 91), beauty treatment
activités (p. 6) activities *affaires* (p. 8) business	*église* (p. 36), church *visite* (p. 106), visit *rendez-vous* (p. 86), appointment *téléphone* (p. 97), telephone *correspondance* (p. 28), correspondence *armée* (p. 11), army
achats (p. 6) purchase	*magasins* (p. 56), stores *vêtements* (p. 104), clothes *linge* (p. 54), linen *fleuriste* (p. 42), florist *chez le marchand de journaux* (p. 52), at the news-agent's *tabac* (p. 96), tobacco *librairie* (p. 54), bookshop, bookstore *disques* (p. 33), records, disks *faire son marché* (p. 57), household shopping *pointures* (p. 77), sizes
tourisme (p. 99) tourism	*séjour à l'étranger* (p. 90), stay abroad *promenade en ville* (p. 81), sightseeing *musées* (p. 63), museums, galleries *photographie* (p. 75), photography
distractions (p. 34) entertainments	*spectacles* (p. 92), entertainments *jazz* (p. 51), jazz *sports* (p. 93), games and sports *plage* (p. 76), beach *jeux* (p. 51), games
difficultés (p. 32) difficulties	*incidents et accidents* (p. 49), incidents and accidents *réclamations* (p. 85), claims, complaints

PRÉFACE

VOICI UN AMI...

Touriste flâneur, collégien découvrant l'étranger, voyageur pressé, vous avez mille choses à faire, mais bien peu de temps pour chacune. Voici un guide qui ne veut approfondir aucune question, mais en prévoir beaucoup, ce qui lui permet de vous servir fidèlement dans tous les cas multiples et variés qui se présenteront à vous.

Ce stock minimal de mots, d'expressions, de tournures et de notions grammaticales indispensables, nous l'avons sélectionné en fonction de deux préoccupations essentielles.

D'abord, vous guider parmi ce que nous pouvons *prévoir* de vos activités les plus quotidiennes. A cet effet, chacune d'entre elles — en tout 95 tableaux — fait ici l'objet d'un micro-vocabulaire présenté sous forme de *tableau-situation*.

Ensuite, faire face à ce vaste inconnu embrassant toutes les autres circonstances qu'aucun tableau particulier n'aura prévues... D'où la constitution d'un vocabulaire global alphabétique, l'épine dorsale de l'ouvrage.

Au fil des pages, vous trouverez surtout des mots plutôt que de longues déclarations, l'orgueil des guides d'autrefois; de brèves phrases visant des emplois déterminés; des tronçons de phrases correspondant aux formes les plus fréquentes du discours : interrogation, exclamation, conversation... Bref, un petit bagage d'instruments simples, précis, dont tout débutant peut user utilement. Peu ou pas de phonétique, sauf pour l'anglais. N'ayons pas d'illusion : à ce niveau la prononciation ne s'acquiert pratiquement que par l'oreille.

Maintenant, lexique en main, procédez sans hâte ni timidité pour comprendre et vous faire comprendre. Dites-vous que les indigènes ont des trésors de patience envers l'étranger en peine. Regardez, écoutez, avancez par idées simples et cherchez tranquillement dans le lexique le mot principal de la situation. Vous le trouverez toujours, et tout ira bien...

AVIS

La plupart des tableaux consacrés à des termes importants (ACCORD, ACHATS, AUTOMOBILE) sont placés dans la partie français-anglais et n'ont pas leur équivalent dans la partie anglais-français. Toutefois, certains sujets (AMÉRICANISMES, « FAUX AMIS ») figurent, au contraire, dans la seconde partie exclusivement, sous les titres AMERICANISMS, FALSE FRIENDS.

à   **at, to, on,** etc.
- [lieu] *Je suis à l'hôtel N...*   I am at the N... hotel.
- [lieu, vers...] *Je vais à Oxford.*   I am going to Oxford.

abord (d')   **at first**

abréviation :		abbreviation :	
c.-à.-d.	c'est-à-dire	*M*me	Madame
c/c	compte courant postal	*N 1, 2, etc.*	(route) nationale 1, 2, etc.
CV	cheval-vapeur	*O.N.U.*	U.N.O.
D 1, 2, etc.	(route) départementale 1, 2, etc.	*O.T.A.N.*	N.A.T.O.
g	gramme	*P.-S.*	post-scriptum
kg	kilo(gramme)	*Sté*	Société
km	kilomètre	*S.V.P.*	s'il vous plaît
l	litre	*t.t.c.*	toutes taxes comprises
M.	Monsieur	*T.C.F.*	Touring-Club de France
*M*lle	Mademoiselle		
MM.	Messieurs	*T.S.V.P.*	tournez, S.V.P.

absent (*de chez lui*)   **away from home**
absolument   **absolutely** ['æpsəlu:tli]
abuser de... / - [temps de qqn]   **to misuse; to trespass** ['trespəs] **upon**

accélérateur (autom.)   **accelerator** [æk'seləreitə*]
accélérer   **to accelerate** [æk'seləreit]
accent [anglais]   [*English*] **accent**
accent tonique   **stress**
(V. tableau PRONONCIATION ET ACCENT TONIQUE.)

accepter   **to accept**
accident / - *d'auto*   **accident** / car -
(V. aussi tableau INCIDENTS ET ACCIDENTS.)

accompagner   **to accompany** [ə'kʌmpəni]
- *Pouvez-vous m'accompagner jusqu'à la gare ?*   Can you come with me to the station ?

accord :		consent :	
Oui.	Yes.	*C'est entendu !*	Right-o !
Certes.	To be sure.	*D'accord !*	Quite so !
Bien sûr !	Of course !	*Exact !*	Right !
Pourquoi pas ?	Why not ?	*Naturellement !*	Of course !
Volontiers.	With pleasure.	*Parfaitement !*	Quite so !

Je reconnais que...	I admit that...	*C'est évident.*	Of course; obviously.
Comptez sur moi!	Rely on me!	*Avec plaisir!*	With pleasure!

accumulateur; « accu »　　　　**battery**

achat :　　　　　　　　　　　　**purchase :**

magasin	store(s)	*livraison*	delivery
boutique	shop; [U.S.] store	*acompte*	deposit
		arrhes	earnest (-money)
marchand	shopkeeper; dealer	*facture*	invoice; bill
		taxes	taxes
vendeur	assistant	*garantie*	guarantee
acheteur	buyer	*d'occasion*	second hand
vente	sale	*soldes*	(clearing) sales
achat	purchase	*bon marché*	cheap
- au comptant	cash	*cher*	expensive, dear
- à crédit	on credit; hire purchase	*faire des achats, des courses*	to go shopping
commande	order		

Je désire acheter une chemise de sport de bonne qualité.
I want to buy a good sports shirt.
— *En voici différents modèles.*
— Here are various models.
— *Ils ne me plaisent pas, montrez-moi autre chose.*
— I don't like them, show me some others.
— *Celui-là vous convient-il?*
— Does this one suit you?
— *Sa coupe me plaît, mais je n'aime pas sa couleur.*
— I like the cut of it, but not the colour.
— *Et cette série bleue? Voyons s'il y a votre taille.*
— What about these blue ones? Let's see if we've got your size.
— *Parfait, cette chemise me va très bien, je la prends. C'est combien?*
— All right, this shirt suits* me very well, I'll take it. How much is it?
— *Vingt-cinq francs, Monsieur. Faut-il la livrer à votre hôtel?*
— Twenty five francs, Sir. Shall we deliver it to your hotel?
— *Non, je l'emporte.*
— No, I'll take it with me.
— *Bon, je vous fais un paquet, vous paierez à la caisse.*
— Right, I'll make you a parcel while you pay at the desk.

* ou « fits » pour la taille seulement.

(V. aussi tableaux AFFAIRES, ARGENT, MAGASINS.)

acheter　　　　　　　　　**to buy, I bought, bought** [bai, bɔːt]

● *Je voudrais acheter...*　　　I'd like to buy...
actuellement　　　　　　　**at the present time; now**

activités :　　　　　　　　**activities** [æk'tivitiz] **:**
Je suis ici pour affaires.　　I am here on business.
Un voyage d'études.　　　　A study trip.
Un voyage d'agrément.　　　A (pleasure) trip.
Passer ses vacances à l'étranger pour apprendre la langue.　To spend one's holidays abroad to learn the language.

6

Je veux me perfectionner en anglais.	I want to improve my English.
Mon séjour n'est que d'une semaine.	I'll stay (*or* stop) only for a week.
pèlerinage	pilgrimage

(V. aussi tableaux AFFAIRES, CORRESPONDANCE, ÉGLISE, RENDEZ-VOUS, TÉLÉPHONE.)

---

addition

adieu
• *faire ses adieux à quelqu'un*

addition [ə'diʃən]; [*U.S.*] **bill; check**

farewell
to take one's leave of s.o.

---

adjectif :

adjective :

I. L'ADJECTIF est *invariable* et se place avant le nom qu'il qualifie. Ex. : a *fast* car (une voiture *rapide*).

II. COMPARATIF ET SUPERLATIF. **Adjectifs courts** (une syllabe, le plus souvent) : se forment au moyen de désinences; comp. *er*, superl. *est*. Ex. small (petit), small*er* (*plus* petit), the small*est* (*le plus* petit); happy (heureux), happi*er*, the happi*est*. **Adjectifs longs :** se forment au moyen des adverbes *more* et *most*. Ex. : *more* elegant, *the most* elegant.

Comparatifs et superlatifs irréguliers : good (bon), *better* (meilleur), *the best* (le meilleur); bad (mauvais), *worse* (pire), *the worst* (le pis); little (petit ou peu), *less* (moins), *lesser* (moindre), *the least* (le moindre); far (éloigné), *farther, the farthest ;* old (vieux), *older* et *elder* (aîné de deux), *the oldest* et *the eldest* (l'aîné de plus de deux).

---

admettre
adresse / - [habileté]
adresser à qqn (s')

to accept ; to confess
address [ə'dres] / **skill**
to apply to s. o.

---

adverbe :

adverb :

I. ADVERBE DE MANIÈRE. Se forme en ajoutant *ly* à l'adjectif. Ex. : quick, quick*ly* (vive*ment*); happy, happi*ly* (heureuse*ment*). Noter le changement de *y* en *i*.

II. DEGRÉS DE COMPARAISON. Se forment comme ceux de l'adjectif. Ex. : pleasant*ly*, *more* pleasant*ly*, the *most* pleasant*ly*.

— Formations irrégulières : far (loin), *farther, the farthest ;* well (bien), *better, the best ;* ill (mal), *worse, the worst.*

III. PLACE DE L'ADVERBE. En principe, il ne doit pas séparer le verbe de son complément direct. Ex. : he speaks English *fluently*. Mais les adverbes de temps précis (comme *today, yesterday, early, late*, etc.) ainsi que *well, better, badly, worse* se placent en fin de proposition. Ex. : il parle très bien l'anglais = he speaks English very *well;* nous partons demain pour New York = we sail for New York *tomorrow*.

— Certains adverbes (ou prépositions) se placent après le verbe pour en préciser le sens. Ex. : to get *up* = se lever; to get *in* = entrer;

to cut = couper; to cut *off* = sectionner. En fait, très souvent c'est l'adverbe qui décrit l'action et le verbe qui indique de quelle manière elle s'est faite. Ex. : to walk *away* = s'éloigner (au pas); to run *away* = s'enfuir; to drive *away* = partir (en voiture); to ride *away* = partir à cheval, à bicyclette, etc. Les principaux adverbes utilisés de cette manière sont : *away* (idée d'éloignement), *off* (rupture), *on* (continuation, contact), *out* (sortie, résultat obtenu), *over* (répétition), *up* (montée, achèvement). Ex. : switch *on*, *off* = *allumez, éteignez* (l'électricité); go *on* = *continuez;* read it *over* = *relisez le;* I'll think it *out* = j'y réfléchirai; eat it *up* = mangez *tout*.

aérien, enne	**aerial** ['ɛəriəl]
• *ligne, poste aérienne*	air line, air mail
aérodrome	**aerodrome** ['ɛərədroum];
aérogare	**airport; air terminal**
aéroport	**airport; air-station**
affaire	**business** ['bizinis], **matter**
• *une bonne affaire*	a bargain
• *avoir affaire à qqn*	to deal with s.o.

affaires :   **business :**

I. GÉNÉRALITÉS — GENERALITIES

achat	purchase; buying	*frais généraux*	overhead charges
vente	sale; selling	*concurrence*	competition
marché	market	*S.A. (société anonyme)*	Limited Company
fabrication	manufacture; making	*S.A.R.L. (Sté à responsabilité limitée)*	Limited-Liability Co.
marchandises	goods; wares		
fonds de commerce	business	*prix d'achat*	purchase price
siège social	Head Office	*prix de vente*	selling price
société	firm	*prix de revient*	cost price
succursale	branch	*bénéfice*	profit
		perte	loss

II. DISTRIBUTION — DISTRIBUTION

dépôt [réserve]	store	*vendeur*	(shop) assistant
stock	stock	*fournisseur*	supplier
magasin	(department) store	*client*	customer
		publicité	publicity
boutique	shop; [*U.S.*] store	*catalogue*	catalogue
		tarif	price-list
chaîne de magasins	chain stores	*licence*	licence
		concession	agency
facture	invoice	*exclusivité*	exclusive (sale) right
paiement	payment		
caisse	cashier's desk	*chambre de commerce*	chamber of commerce
directeur	director; head		
gérant	manager	*transports*	carriage
rayon	department	*emballage*	packing

importation	importation	*transit*	transit
exportation	exportation	*représentant*	manufacturer's
douane	customs-house		agent

III. FINANCES — FINANCES

comptabilité	book-keeping	*Bourse*	Stock Exchange
bilan	balance-sheet	*titre*	security
exercice	financial year	*cote*	quotation
inventaire	stock-taking	*action*	share
capital	capital	*dividendes*	dividends
réserves	reserves	*obligation*	bond; deben-
échéance	due date;		ture
	falling due	*intérêts*	interest
impôt	tax	*participation*	share; joint
charges sociales	social security		account
	charges	*devises*	currency
traite	draft	*banque*	bank
dépôt	deposit	*chèque*	cheque

IV. ADMINISTRATION — MANAGEMENT

président	Chairman;	*actionnaire*	shareholder
	President	*obligataire*	bondholder
conseil d'admi-	Board	*associé*	partner
nistration		*personnel*	staff
administrateur	Director	*cadres*	officials
jetons de	(director's) fees	*gérant*	Managing
présence		*(S.A.R.L.)*	Director
statuts	charter		

afin/ - **de** / - **que**
âge / *Quel - avez-vous?*
agence de voyages
(V. tableau VOYAGE.)
agent [de police]

agir (s')
● *De quoi s'agit-il?*
● *Il ne s'agit pas de ça!*
agrandissement [phot.]
aider
aile [auto]
ailleurs
● *aller ailleurs*
● *d'ailleurs*
aimable
● *C'est très aimable à vous.*
aimer [affection, goût]/ - [amour]
● *J'aime mieux cela.*
● *J'aimerais mieux...*
ainsi / *et - de suite*
● *ainsi que*
air
● *courant d'air* / *Il y a un -*

in order; so as / - to / - that
age [eidʒ] / How old are you?
travel agency

policeman

What is it about?
That's not the question!
enlargement [*phot.*]
to help; to assist
wing; mudguard; [*U.S.*] fender
elsewhere
to go somewhere else
besides, moreover
friendly ['frendli]; kind [kaind]
It's very kind of you.
to like / to love
I like this better.
I had rather; I would rather...
thus / and so on
as; as well as; likewise
air
draught / There is a -

9

• *avoir l'air (de)*	to look (like)
aise	**ease**
• *à l'aise*	at ease; comfortable ['kʌmfətəbl]
• *Mettez-vous à votre aise.*	Make yourself at home.
alcool, alcools [douane]	alcohol ['ælkəhɔl]; spirits
aller	**to go (went, gone)**
• *aller en Angleterre*	to go to England
• *Comment allez-vous?*	How are you?
• *Je m'en vais demain.*	I am going tomorrow.
• *Ça ne va pas.*	It does not suit me.
• *aller et retour* [train]	return ticket
• *Allez-vous en!*	Go away!
• *Allez-y!*	Go ahead! [ə'hed]
« **Allons...** »	« Let us go... »
allumage [autom.]	**ignition** [*motor-car*]
• *avance à l'allumage*	advanced ignition [ig'niʃən]
• *bougie d'allumage*	(sparking) plug; [*U.S.*] spark-plug
allumer [l'électricité] / - [le gaz]	**to switch on / to turn on**
allumette	**match**
alors / *Et - ?*	**then** / So what?
ambassade [de France]	[*French*] **Embassy**
américain	**American** [ə'merikən]
américanismes	**americanisms** (V. tableau, 2ᵉ partie.)
Amérique	**America**
• *États-Unis d'Amérique*	United States of America
ami	**friend**
amitié	**friendship**
• *Mes amitiés à Mme X.*	Kind regards to Mrs. X.
amour // **amoureux, euse**	**love** // **in love**
amusant, ante	**amusing; funny**
amusement	**entertainment; amusement**
amuser (s')	**to play; to enjoy** [in'dʒɔi] **oneself**
• *Amusez-vous bien!*	Have a good time!
an	**year**
anglais	**English**
• *un Anglais, une Anglaise*	an Englishman, an Englishwoman
Angleterre	**England**
année	**year**
annuaire (du téléphone)	**(telephone) directory** [di'rektəri]; [*U.S.*] **book**
antigel [autom.]	**anti-freeze** [*motor-car*]
antiquaire	**antique dealer**
août	**August**
appareil [photographique]	**camera** ['kæmərə]
appeler	**to call**
• *Comment vous appelez-vous?*	What is your name?
appétit	**appetite** [æpitait]
apporter	**to bring (brought, brought)**

10

apprendre [l'anglais]		to learn [*English*]	
approximativement		approximately [ə'prɔksimitli]	
après		after	
• *après-demain*		the day after tomorrow	
• *après-midi*		afternoon	
argent [métal]		silver	

argent [monnaie] :		**money; currency :**	
monnaie	currency	*lettre de crédit*	letter of credit
cours (d'une monnaie)	rate	*change*	(ex)change
billet	note; [U.S.] bill	*devises étran- gères*	foreign bills
pièce	coin	*contrôle des changes*	foreign exchange control
chèque	cheque		
mandat	money-order	*allocation de devises*	money allow- ance
banque	bank		
compte en banque	banking account	*dollar*	dollar
chèque de voyage	traveller's cheque	*franc*	franc
		livre	pound

Un franc vaut 100 centimes. — One franc is worth 100 centimes (cents)

Une livre vaut 20 shillings. — One pound is worth 20 shillings (20 s.)

Un shilling vaut 12 pence. — One shilling is worth 12 pence (12 d.)

Un dollar vaut 100 cents. — One dollar is worth 100 cents

Je n'ai que des billets, pouvez-vous me faire de la monnaie?
I have only notes, can you give me change?
Pour échanger vos francs contre des livres, allez à la banque.
To change your francs for pounds, go to the bank.

argot	**slang**
arme	**arm**

armée :		**army :**	
soldat	soldier	*militaire*	military
sous-officier	N.C.O. (non- commission- ed officer)	*service militaire*	military service
		faire son - -	to do ones - -
		caserne	barracks
officier	officer	*régiment*	regiment
lieutenant	lieutenant	*être en permission*	to be on leave
capitaine	captain		
commandant	major	*armée de terre*	army
colonel	colonel	*marine*	navy
général	general	*aviation*	air force

arranger	to arrange; to place
arrêt [train, métro]	stop
arrêter (s') / *Arrêtez-vous ici.*	to stop / Pull up here.
arrhes / *laisser des -*	deposit [di'pɔzit] / to make a -

11

arrière	back part; rear
• *en arrière de*	behind [bi'haind]
arrivée / *heure d'-*	arrival / time of -
arriver	to arrive; to come
• *arriver* [événement]	to happen
• *Le train arrive à midi.*	The train is due at 12.00 noon.

articles [gramm.] :   **articles** [*gramm.*] :

I. ARTICLE DÉFINI. *Le, la, les = the* (invariable), prononcé [ðə] devant une consonne, *h* aspiré et toute voyelle ayant le son [j] (ex. : *the* house) et [ði] devant une voyelle ou *h* muet : *the* hour [ði'auə].
— L'article défini s'emploie devant les noms concrets au singulier; il ne s'emploie pas devant les noms concrets au pluriel, ni devant les noms abstraits, les noms de couleurs, de matières, de langage *sauf s'ils sont déterminés*. Ex. : I prefer red to blue = je préfère *le* rouge *au* bleu, mais *the blue* of your eyes = *le* bleu de vos yeux; Do you like flowers? = Aimez-vous *les* fleurs?; *The* birds were singing in the wood = *Les* oiseaux chantaient dans *le* bois.

II. ARTICLE INDÉFINI. *Un, une = a* [ə] devant une consonne et toute voyelle ayant le son [j], ainsi que devant *h* aspiré (ex. : *a* woman, *a* university, *a* house); *an* [ən] devant une voyelle et *h* non aspiré. Ex. : *an* elephant, *an* hour. Pas de pluriel (ex. : *des* voitures : cars).
— L'article indéfini s'emploie devant tout nom concret au singulier, ainsi que devant un nom en apposition ou attribut. Ex. : My brother is *a* doctor : Mon frère est médecin.

III. ARTICLE PARTITIF. A *du, de la, des* correspondent *some* (affirmation), *any* (négation ou interrogation, ou *rien* dans un sens général). Ex. : Give me *some* money, please. Have you *any* stamps? He sells beer.

ascenseur / *prendre l' -*	lift / to take the -
asseoir (s')	to sit down
assez [suffisamment]	enough [i'nʌf]
• *assez* [modérément, pas mal]	rather
assiette	plate

assurance :	**insurance** [in'ʃuərəns] :
compagnie d'assurances	insurance company
police d'assurance	insurance policy
prime	premium
indemnité	indemnity, compensation
risques couverts	risks covered
attestation d'assurance	insurance certificate
constat d'accident	accident certified report
témoin	witness
assurance contre le vol	theft insurance
assurance automobile (aux tiers ; tous risques)	motor insurance (third-party policy; all-in policy)
assurance aérienne	air travel insurance

Pour ma voiture, j'ai pris une assurance couvrant les risques d'accidents
For my car, I have taken out an insurance policy covering the risk
à l'étranger.
of injury abroad.

assurer — **to insure** [in'ʃuə]
- *Je vous assure.* — I can assure you.

attendant (en) — **meanwhile** ['miːn'wail]; **meantime**

attendre — **to wait**

attention (faire) — **to pay attention**
- *Faites attention aux autos!* — Mind the traffic!

aux [contraction de : à + les] — (see **à, le, les**)

auberge / **- de la jeunesse** — **inn** / *Youth Hostel.*

aucun, aucune [adj. et pron.] — **no** [*adj.*], **none** [*pron.*]

aujourd'hui — **to day**

aussi — **also; too**
- *aussi bien que... / pas -* — as well as... / not so well as

aussitôt — **soon**
- *aussitôt que possible* — as soon as possible

autant / **- que possible** — **as much** (*or* **many**) / **-** as possible

auto [abrév. de *automobile*] — **car**
(V. aussi tableau AUTOMOBILE.)

---

autobus : — **bus :**

receveur	conductor	*arrêt*	stop
ligne	bus line	*plate-forme*	bus-tail
parcours	route	*impériale*	top-deck
ticket	ticket	*Sonnez!*	Push (button)!; ring!
changer	to change	*Complet!*	Full up!
direction	direction		

autocar — **(motor-) coach**

automne — **autumn** ['ɔːtəm]; [*U.S.*] **fall**

---

automobile : — **car**; [*U.S.*] **automobile :**

I. CHÂSSIS ET MOTEUR — CHASSIS AND ENGINE

moteur	engine	*chambre à air*	inner-tube
cylindre	cylinder	*pont arrière*	differential
carter	sump	*traction avant*	front-wheel drive
démarreur	starter		
boîte de vitesses	gear-box	*carburateur*	carburettor
changement de vitesse (levier de)	gear-lever	*gicleur*	jet
		starter	choke; [*U.S.*] rich
marche arrière	reverse	*pompe à essence*	petrol pump
radiateur	radiator	*pompe à huile*	oil pump
accumulateur	battery	*réservoir*	tank
bougie	sparking-plug	*ventilateur*	fan
roue	wheel	*embrayage*	clutch
roue de secours	spare-wheel	*transmission*	propeller shaft
pneu	tyre	*différentiel*	differential

direction	steering (mechanism)	*amortisseur*	shock-absorber
		pédales	pedals
volant	steering wheel	*frein à pied*	foot-brake
suspension	suspension	*frein à main*	hand-brake

II. CARROSSERIE — CAR-BODY

conduite intérieure	saloon car; [U.S.] sedan	*compteur kilométrique*	mileage-recorder
décapotable	convertible	*tableau de bord*	fascia; dashboard
cabriolet	roadster		
caisse	body	*pare-chocs*	bumper
capot	bonnet; [U.S.] hood	*pare-brise*	windscreen; [U.S.] windshield
ailes	wings; mudguards	*rétroviseur*	rear-mirror
		portière	door
phare	headlamp; headlight	*coffre*	boot; [U.S.] trunk
compteur de vitesse	speedometer	*clef*	key
		manivelle	handle

III. ÉQUIPEMENT ÉLECTRIQUE — ELECTRIC EQUIPMENT

dynamo	dynamo	*essuie-glace*	windscreen-wiper
magnéto	magneto		
batterie	battery	*dégivreur*	de-mister
démarreur	starter	*éclairage code*	dipped lights
avertisseur	hooter	*feu rouge*	rear light
		feu de position	parking light

IV. SUR LA ROUTE — ON THE ROAD

poste d'essence	petrol station	*avoir une panne*	to have engine trouble
station-service	service-station		
essence (ordinaire)	(normal) petrol	*crevaison*	puncture; [U.S.] flat tyre
supercarburant	super	*mécanicien*	mechanic; attendant
bidon d'huile	oil can		
antigel	anti-freeze	*réparation*	repair

J'ai fait une moyenne de 80 km à l'heure.
I average 50 miles an hour.

Faites-moi le plein d'essence et vérifiez mon niveau d'huile.
Fill her up and test the oil level.

Ma voiture est en panne. Pouvez-vous recharger la batterie?
I can't start my car. Can you recharge the battery?

Je prendrai des petites routes plutôt qu'une voie à grande circulation.
I'll drive along by-roads rather than take a highway.

En France, la voiture qui vient de droite a priorité, et les
In France, the car coming from the right *or* travelling along a

routes nationales également (sauf dans les agglomérations).
« Route Nationale » has priority (except in built-up areas).

14

V. LÉGISLATION — LAW

code de la route	rule of the road	*police de la route*	road police
assurance	insurance	*stationnement*	waiting; parking
carte grise	car-licence	*amende*	fine
permis de conduire	driving licence	*être condamné à une amende ([FAM.] avoir une contravention)*	to be fined
immatriculation	car number		
plaque de police	number plate		

autorail	**railcar**
autorisation	**authorization; permit**
autoriser	**to allow; to permit**
autoroute	**motorway;** [*U.S.*] **turn-pike**
auto-stop (faire de l')	**to hitch-hike; to thumb a lift**
autour de	**round; about**
autre / - *chose*	**other** ['ʌðə] / **something else**
• *une autre fois*	another time
• *ni l'un ni l'autre*	neither ['naiðə]
autrefois	**formerly; in the past**
avance / *à l'-*	**advance** / beforehand
• *payé d'avance*	prepaid
• *arriver en avance*	to arrive early
• *avance à l'allumage*	advanced [əd'vɑːnst] ignition
avancer - [montre]	**to go forward** / **to be fast**
• *J'ai avancé mon voyage.*	I have put my journey forward.
avant	**before**
• *en avant*	forward; ahead
• *avant-hier*	the day before yesterday
avec	**with**
avertisseur [= Klaxon]	**hooter**
avion	**aeroplane** ['ɛərəplein]; **plane;** [*U.S.*] **airplane**

avion (voyage en) :   **air travel :**

I. À L'AÉROPORT — AT THE AIRPORT

compagnie	airline	*contrôle des passeports*	passport examination
ligne Paris-Londres	Paris to London run	*appel des passagers*	checking (of the passenger list)
à destination de	bound for (or to...)	*embarquement*	boarding
venant de...	from...	*vol n° X*	flight n° X
pesée des bagages	weighing in	*trajet*	journey
excédent de poids	excess luggage	*escale*	call
		décollage	take-off
bagages à main	hand luggage	*atterrissage*	landing
passage en douane	customs examination	*horaire*	time - table

Au départ, faites vérifier votre billet, peser et enregistrer vos bagages
When leaving, have your ticket checked, your luggage weighed and
au bureau de votre Compagnie. A l'arrivée, après le contrôle de votre
registered at the Airline Office. On arrival, after passport examina-
passeport par la police, allez retirer vos bagages à la douane.
tion, go and take out your luggage in the Customs shed.

II. DANS L'AVION — IN THE PLANE

bimoteur, quadrimoteur	twin-, four-engined	*hublot*	window
appareil à hélice	propeller-plane	*couloir*	aisle
appareil à réaction	jet-propelled-plane	*fauteuil*	seat
aile	wing	*toilette*	lavatory
moteur	engine	*ceinture*	seat-belt
train d'atterrissage	undercarriage	*couverture*	rug
équipage	crew	*filet*	rack
commandant	captain	*aération*	ventilation
hôtesse	hostess	*éclairage individuel*	individual light
passager	passenger	*bourdonnements d'oreille*	buzzing in the ear
1re classe	first class	*mal de l'air*	air-sickness
cabine	cabin	*classe touriste*	tourist class

Voici votre fauteuil, près du hublot ; attachez votre ceinture pour le
Here is your seat, near the window; fasten your seat-belt before
décollage. Nous volerons à 5 000 m environ ; la vitesse sera de 800 km/h
take-off. We shall be cruising [flying] at about 15 000 feet; the speed
et nous arriverons à Orly à 16 heures. Un repas sera servi durant le
will be 500 m.p.h. and we'll land at Orly Airport at 4.00 P.M. A meal
trajet.
will be served during the journey.

avis   **opinion; view**
• *à mon avis...*   to my mind...

avis au public :   **public notices :**

I. DIVERS — MISCELLANEOUS

Entrée	Way (in)	*Défense d'entrer*	Private; staff only
Sortie	Way (out)	*Lavabos*	Lavatories
Renseignements	Enquiries	*« Messieurs »*	"Gentlemen"
Passage interdit	No entry	*« Dames »*	"Ladies"
Sortie de secours	Emergency exit	*Libre*	Vacant
		Occupé	Engaged
		Non-fumeurs	No smoking

II. RÉGLEMENTATION — REGULATION

Défense de stationner	No waiting
— de doubler	No overtaking
— de klaxonner	Sound signals prohibited

Défense d'entrer sous peine d'amende	Trespassers will be prosecuted
Défense de marcher sur les pelouses	Keep off the grass
Entrez sans frapper	Walk straight in
Frappez avant d'entrer	Knock before entering
Attention! Danger!	Beware! Danger!
Sens unique	One way only
Tournant dangereux	Dangerous bend
Vitesse limite...	Speed limit...
Croisement	Crossroad(s)
Cassis	Lumpbridge (*or* gutter) across the road
Interdit aux poids lourds	Lorries prohibited
Passage à niveau	Level (U.S., grade) crossing
Travaux	Road up; men at work
Silence, hôpital	Silence, hospital
Ralentir, école	School; children crossing
Voie sans issue; impasse	No throughway
Déviation	Diversion
Priorité à droite, à gauche	Give way to traffic from the right, left
Tenez votre droite... gauche...	Keep (to the) right... left
Passage souterrain	Subway
Propriété privée	No trespassing
Essuyez vos pieds, S.V.P.	Please, wipe your feet

III. EN GARE — AT THE STATION

Accès aux quais	To the trains
Arrivée	Arrival
Consigne (dépôts, retraits)	Cloak-room (in, out)
Départ	Departure
Douane	Customs
Grandes lignes	Main lines
Lignes de banlieue	Suburban lines
Horaire	Time-table
Ascenseur (pour monter, descendre)	lift (U.S., elevator) [up, down].

IV. COMMERCE, PUBLICITÉ — TRADE, PUBLICITY

Entrée libre	Come right in
Fermé, ouvert de... à...	Closed, open from... to...
Vente au comptant	Cash only
Vente à crédit	Hire-purchase; we sell on credit
Prière de laisser des arrhes	A deposit is required
Soldes	Sales
Livraison à domicile	We deliver
On accepte les chèques de voyage.	Travellers' cheques accepted
Bière à emporter	Beer to go
Appartement à louer	Flat to let
(Taxi) libre	For hire

avoir — **to have (had, had)**

- *il y a...* [dénombrement] — there is / are ...
- *Il y a deux heures que j'attends.* — I've been waiting for two hours.
- *Il est venu il y a deux jours.* — He came two days ago.
- *Il y a 2 milles d'ici à...* — It is 2 miles from here to...
- *Qu'y a-t-il?* — What is the matter?

bagages : — **luggage; [U.S.] baggage :**

malle	trunk	*enregistrement*	registration
valise	suit-case	*consigne (dépôt)*	cloak-room : in (counter)
sac de voyage	travelling-bag		
colis	parcel, package	*consigne (retrait)*	cloak-room : out (counter)
bagages à main	hand bags		

Porteur! Prenez mes valises.
Porter! Take my cases.
Chargez mes bagages dans le taxi.
Get my luggage into the taxi.

baignoire — **bath**
bains [salle de] — **bathroom**

bains, douches : — **baths; showers :**

salle de bains	bathroom	*brosse à ongles*	nail-brush
douche	shower	*brosse à dents*	tooth-brush
baignoire	bath	*dentifrice*	tooth-paste
toilette	toilet-table	*savon*	soap
bidet	bidet	*sels de bain*	bath salts
peignoir de bain	bath-robe	*désodorisant*	deodorant
serviette	towel	*friction*	rubdown
gant de toilette	face-cloth	*massage*	massage
ciseaux à ongles	nail-scissors	*hammam*	turkish bath

banlieue — **suburbs** [ˈsʌbəːbs]
banque — **bank**
barbe — **beard**
bar / barman — **bar / barman; [U.S.] bar-tender**
barrer / chèque barré — **to cross / crossed cheque**
bas / - de Nylon — **stockings / Nylons** [ˈnailns]
bas [adj.] **/ au - de la côte** — **low / down the hill**

- *en bas* — down below; [U.S.] way down
- *là-bas* — over there; down there

bateau : — **ship; boat :**

compagnie de navigation	shipping company	*coursive*	alleyway
port	harbour	*passerelle*	gangway
quai	quay; wharf; pier	*bâbord*	port
		tribord	starboard
embarquement	embarcation	*roulis*	rolling
débarquement	landing	*tangage*	pitching
paquebot	ship, boat; liner	*houle*	swell
traversée	crossing, passage	*tempête*	gale
		mal de mer	sea-sickness
		cabine de luxe	stateroom
croisière	cruise	*cabine*	between-deck
escale	call	*— d'entrepont*	cabin
pont	bridge	*couchette*	berth

hublot	port-hole	*chaloupe*	boat
salle à manger	dining-room	*steward*	steward
salon	lounge	*sirène*	siren

Avez-vous le pied marin? — Are you a good sailor?

Il y aura quinze jours de navigation avec une escale à Hawaii.
It will be a two-week voyage with a call at Hawaii.
(V. aussi tableau SPORTS.)

batterie [autom.] — **battery** [*car*]
• *Faire recharger la batterie.* — To have the battery recharged.
beau, bel, belle — **fine; beautiful** ['bjuːtiful]
• *Il fait beau.* — It is fine; the weather is fine.
beaucoup — **much** [mʌtʃ] [*sg.*]; **many** [*pl.*]
• *beaucoup trop* — too much [*sg.*], too many [*pl.*]
besoin — **need**
• *J'ai besoin de (ceci).* — I need, I want (this).
beurre — **butter**
bicyclette — **bicycle** ['baisikl]
bidon (d'essence) — **(petrol) can; jerrycan**
bien — **well**
• *Je ne me sens pas bien.* — I don't feel well.
• *C'est bien!* [= ça suffit] — That's all right!
• *Bien entendu! Bien sûr!* — Of course! [kɔːs]
• *bien que* — although, though [ɔːl'ðou, ðou]
bientôt / *A -!* — **soon** / So long!
bière blonde / bière brune — **pale ale / brown beer**
bifteck — **steak**
billet / *- de banque* — **ticket** / bank-note (-bill)
blanc, blanche — **white**
bleu, e — **blue**
blond, blonde — **fair-haired**
boire — **to drink (drank, drunk)**
bois / *en -* — **wood** / wooden

boissons :		**drinks :**	
eau minérale	mineral water	*cidre*	cider
vin blanc	white wine	*apéritif*	aperitif
— rosé	rosé —	*cocktail*	cocktail
— rouge	red —	*alcool*	spirits
— doux	sweet —	*liqueur*	liqueur
— sec	dry —	*jus de fruits*	fruit-juice
bière blonde	light ale; lager	*café*	coffee
— brune	brown beer	*thé*	tea

(V. aussi tableau CAFÉ.)

boîte — **box**
• *boîte aux lettres* — letter-box; pillar-box
• *boîte de conserve* — tin; [*U.S.*] can
• *boîte de nuit* — night-club
• *boîte de vitesses* — gear-box ['giə-bɔks*]

bon, bonne	**good**
• *C'est bon!* [= D'accord!]	All right!; OK!
• *Il fait bon* [température]	It is pleasantly warm.
• *bon marché*	cheap
• *Bon voyage!*	(Have a) pleasant ['pleznt] journey!

(V. aussi tableau SALUTATIONS.)

bord	**board**
• *à bord / monter -*	aboard / to go -
• *au bord de la mer*	at the seaside
bouche	mouth [mauθ]
boucherie	**butcher's** ['butʃə'z] **shop**
bougie [chandelle] / - [autom.]	**candle** / **sparking-plug**
boulangerie	**baker's shop**
bout	**end**
• *au bout (de la rue)*	at the end of (the street)
• *d'un bout à l'autre*	throughout [θruː'aut]
bouteille	**bottle**
boutique	**shop;** [*U.S.*] **store**
bouton [chemise] / - [habit]	**stud** / **button**
• *bouton* [manchette]	link
• *bouton* [électrique]	switch
• *bouton* [radio, porte]	knob [nob]
bras	**arm**
bretelles	**braces** [breisiz]; [*U.S.*] **suspenders**
brosse / *- à cheveux*	**brush** / **hair-brush**
• *brosse à dents, à habits*	tooth-brush, clothes [klouðz] - brush
brosser	**to brush**
brouillard	**fog**
• *phares antibrouillard*	fog-lights
bruit	**noise** [nɔiz]
brume	**mist; haze**
brun, brune / - [bronzé]	**brown** / **sunburnt**
• *cheveux bruns*	dark-hair
bulletin de bagages	**luggage-ticket**
bulletin de consigne	**cloak-room ticket;** [*U.S.*] **check**
bureau / *- de postes*	**office**/post -
• *bureau de renseignements*	inquiry [in'kwaiəri] office
• *bureau de tabac*	tobacconist's [tə'bækənist's]
(V. tableau TABAC.)	
but [dessein] / - [foot-ball]	**aim** / **goal**
• *dans le but de...*	in order to...
• *Dans quel but?*	What for?
ça [= cela; FAM.]	**this**
• *Comment ça va?*	How are you?
• *C'est ça!*	That's it!
• *Qu'est-ce que c'est que ça?*	What is this?
• *Ça dépend!*	It all depends! [di'pendz]
• *Ça ira (comme ça)!*	That will do!
cabaret [spectacle]	**night-club**

cabine [bateau] — stateroom; cabin
cabine téléphonique — call-box; [*U.S.*] telephone-booth
cabinets [W.C.] — lavatories ['lavətəriz]; **men's, women's room**

cachet [d'aspirine] — tablet [*of aspirin*]
café — coffee
• *café-crème* — white coffee

café :		coffee-house :	
café noir	black coffee	*grog*	toddy
— crème	white —	*demi*	half-a-pint
— glacé	iced —	*apéritif*	aperitif
thé au lait	tea with milk	*glace*	ice-cream
— citron	— — lemon	*terrasse*	pavement
croissant	croissant	*comptoir*	bar
sandwich	sandwich	*bar*	bar

Donnez-moi du sucre, s'il vous plaît. — Give me some sugar, please.

Garçon! l'addition, s'il vous plaît! — Waiter! the bill please!
(V. aussi tableau BOISSONS.)

caisse [banque, magasin] — cashier's desk
caleçon — drawers
• *caleçon de bains* [slip] — swimsuit; trunks
calmer (se) — to calm down
caméra — cine-camera; [*U.S.*] movie ['mu:vi] camera

campagne (à la) — (in the) country
camper — to camp (out)

camping :	camping :
remorque	trailer
caravane	caravan
voyager à pied	to hike
matériel de camping	camping-gear (or -equipment)
toile de tente	canvas
piquets	pegs, pins
tapis de sol	ground-sheet
lit de camp	camp-bed
matelas pneumatique	air-matress
sac de couchage	sleeping-bag
couvertures	blankets
réchaud à gaz	(camp)stove
alcool à brûler	meth; methylated spirit
alcool solidifié	Meta tablets
pétrole	paraffin
lampe (de poche)	torch
vache à eau	water-bottle
village de toile	tented holiday camp
Camping interdit!	Camping prohibited!

21

capable de...	capable of (- ing)
capot	bonnet; [U.S.] hood
capote [autom.]	top [car]
car [de tourisme]	saloon coach; [U.S.] bus
caravaning	caravaning [ˌkærə'væniŋ]
(V. aussi tableau CAMPING.)	
carburateur	carburettor ['kɑːbjuretə*]
carrosserie [autom.]	body [car]
carte [terme général]	card
• carte de crédit	credit card
• carte à jouer	playing card
• carte grise [autom.]	car licence ['laisəns]
• carte postale	post-card
• carte géographique / - routière	map / road-map
cas / dans ce -	case / in that - [keis]
• En aucun cas.	Under no circumstances.
• Au cas où...	In the event of...
• En tout cas...	At all events... [i'vents]
casser	to break (broke, broken)
cause	cause
• à cause de (vous, etc.)	because of (you, etc.)
caution [dépôt d'argent]	deposit [di'pɔzit]
ce, cet, cette; pl. ces	this, that; these, those
ceci	this [ðis]
ceinture / - de sécurité [autom.]	belt / safety -
cela	that
celui; fém. celle; plur. ceux	this; pl. these
• celui que vous voulez	the one (that) you want
• celui-ci	this; this one
• celui-là	that; that one
cent	one hundred
• dix pour cent [10 %]	ten per cent
certain	certain; some
• un certain temps / un certain nombre	some time / a certain number
Certainement !	Certainly ! Of course !; [U.S.] Sure !
« C'est... »	It's; That's
• c'est-à-dire	that is to say
cesser	to stop; to finish; to cease [siːs]
chacun, e [séparément]	each
• chacun, e [collectivement]	every
chaise	chair
chaleur	heat; warmth
chambre	bed-room
• une chambre en ville	bed and breakfast
• une chambre chez l'habitant	private lodging
chambre d'hôtel	room
chance / Quelle - !	luck / What a blessing!
change (V. tableau ARGENT.)	exchange; change
• Quel est le cours du change?	What's the rate of exchange?

changement	**change**
• *changement de vitesse*	gear change; change-speed-gear
changer	**to change; to turn (into)**
• *changer de train*	to change trains
• *changer de vêtements*	to change one's clothes
chapeau [femme, homme]	**hat**
chaque [séparément]	**each**
chaque [collectivement]	**every**
• *chaque fois*	each time, every time
charger	**to load**
• *Pouvez-vous vous en charger?*	Can you do it for me?
chasse (V. tableau SPORTS.)	**shooting; hunting**
chasseur [d'hôtel]	**page-boy; [U.S.] bell-boy**
chaud / *très -*	**warm** / hot
• *Il fait chaud.*	It is hot.
• *J'ai (trop) chaud.*	I am (too) hot.
chauffage (central)	**(central) heating**
chauffeur (de taxi)	**taxi-driver; [U.S.] cab-driver**
chaussée glissante	**slippery surface**
chaussures / *une paire de -*	**shoes** / a pair of -
• *magasin de chaussures*	shoemaker's; shoe-shop
chef (de train)	**guard** [gɑːd]
chemin / *- [sentier]*	**way** / **path, track**
• *Quel est le chemin pour aller à..?*	(What is) the way to...?
chemin de fer	**railway; [U.S.] railroad**
chemise	**shirt** *
• *chemise de nuit* [femme]	night-gown ['nait-gaun]
chemisier [magasin]	**haberdasher**
• *chemisier* [vêtement féminin]	**(shirt) blouse**
chèque	**cheque; [U.S.] check** [tʃek]
• *payer par chèque*	to settle by cheque
• *chèque barré*	crossed cheque
• *chèque de voyage*	traveller's cheque
• *endosser un chèque*	to endorse [in'dɔːs] a cheque
• *talon de chèque*	counter foil; [U.S.] stub
chéquier; carnet de chèques	**cheque-book**
cher	**dear; expensive** [iks'pensiv]
• *mon cher; mon cher ami*	my dear (friend)
chercher	**to seek; to look for**
cheval (V. tableau SPORTS.)	**horse**
cheveux (V. tableau COIFFEUR.)	**hair** [sg.]
chez	**at** [+ *possessiv.*]
• *chez M. Dupont* / *- les Smith*	at Mr. Dupont's / - the Smith's
• *Venez me voir chez moi.*	Come to my house.
chic [n. et adj.]	**chic, style** [n]; **chic** [adj.]
• *une robe qui a du chic*	a stylish dress
• *C'est un chic type* (FAM.).	He's a good sort, a sport.
chiffre	**figure**
• *chiffre d'affaires*	turnover
choisir	**to choose; to single out**
choix	**choice; selection**

chose	**thing**
• *C'est la même chose!*	It comes to the same thing.
Chut!	**Hush!**
chute / *faire une -*	**fall** / to have a -
ciel	**sky** [skai]
cigarette (V. tableau TABAC.)	**cigarette**
ci-joint	**hereto; attached; annexed**
• *Je vous envoie ci-joint...*	I send you herewith... ['hie'wið]
cinéma (V. tableau SPECTACLES.)	**cinema, movies**
cirage / *- noir*	**shoe-polish** / blacking
circulation	**traffic**
(V. tableau AVIS AU PUBLIC.)	
cirer [les chaussures]	**to polish; to black**
cireur	**shoe-black**
clair [couleur, pièce] / *- [eau]*	**light** / **clear**
• *bleu clair*	light (*or* pale) blue
classe (V. tableau TRAIN.)	**class**
clef, clé	**key** [ki:]
• *clef anglaise*	monkey-spanner, monkey-wrench
• *clef de contact*	ignition [ig'niʃən] key
client	**customer**
clignotant (autom.)	**trafficator** ['trafikeitə]
cœur	**heart** [hɑːt]
• *mal au cœur (avoir)*	to feel sick

coiffeur :		**hairdresser :**	
shampooing	shampoo	*permanente*	permanent waving
coupe de cheveux	haircut	*mise en plis*	hair-setting
ciseaux	scissors	*casque*	drier
rasoir	razor	*ondulation*	waving
tondeuse	clippers	*décoloration*	bleaching
peigne	comb	*teinture*	hair-dye
brosse	brush	*rinçage*	rinsing
lotion	hair tonic	*laque*	hair-lacker
friction	rub; scalp-massage	*boucle*	curl
		frange	fringe
raie	parting	*queue de cheval*	pony-tail hair-do
barbe	beard		
moustache	moustache	*postiche*	postiche
se faire couper les cheveux		to have a hair cut	

coiffure	**hair-style, hairdressers**
coffre arrière (autom.)	**boot;** [*U.S.*] **trunk**
coin	**corner**
• *au coin de la rue*	round the corner
colis	**parcel, package**
« **Combien de...?** »	**How much** [*sg.*]; **how many** [*pl.*]
• *Combien coûte ceci?*	What's the price of this?
• *Combien de litres?*	How many litres?

• *Combien de temps?*	How long?
• *Combien vous dois-je?*	How much do I owe you?
commander [un menu]	**to order** [u meul]
comme	**like; as**
• *Faites comme moi.*	Do as I do.
• *quelque chose comme cela*	something like this
• *comme ci, comme ça*	so, so
• *comme vous voulez*	just as you like (or choose)
commencer	**to begin** [bi'gin] **(began, begun)**
Comment?	**How?**
• *Comment allez-vous?*	How are you?
• *Comment dites-vous?*	How do you say?
• *Comment dit-on ça en anglais?*	What's the English for this?
• *Comment va (Mme X)?*	How is (Mrs. X)?
• *Comment vous appelez-vous?*	What is your name?
commerçant	**tradesman** ['treidzmən]
commission / - [course]	**message / errand**
commissionnaire [hôtel]	**errand-boy**
compagnie [présence]	**company**
compagnie d'assurances	**Insurance Company** [in'ʃurəns]
compagnon (de voyage)	**fellow-traveller**
compartiment	**compartment** [kəm'paːtmənt]
complet / - [entier] / - [plein]	**complete** [kəm'pliːt] / **whole / full**
• *pension complète*	full board and residence
• *Complet!* [autobus, théâtre]	Full up! [bus, etc.]; Booked up!
complètement	**completely; thoroughly** ['θʌrəli]
compliments	**compliments; congratulations**
• *faire des compliments sur...*	to congratulate s.o. about...
• *Mes compliments à Mme X.*	My kind regards to Mrs. X.
comprendre / - [se rendre compte]	**to understand / to realize** ['riəlaiz]
• *se faire comprendre*	to make oneself understood
• *tout compris; service compris*	all inclusive; service included
comptant (au)	**cash down**
compte	**reckoning / accounts** [ə'kaunts]
• *tenir compte de*	to allow [ə'lau] for
• *compte en banque*	bank-, banking-account
compter	**to count**
• *compté en trop* / - *deux fois*	counted one too many / - twice
• *à compter d'aujourd'hui*	counting from to day
• *Je compte partir demain.*	I intend to go tomorrow.
compteur de vitesse	**speedometer** [spi'dɔmitə*]
concierge	**hall porter; receptionist**
condition	**condition** [kən'diʃən]
• *à condition de, que...*	providing that, on condition that...
• *Dans ces conditions...*	Under these circumstances...
conduire	**to drive (drove, driven)**
confiance	**trust, confidence**
confiture	**jam; marmalade** [*oranges*]
confondre	**to confuse; to mistake for**
conformément à...	**according to...**

confort / - *moderne*	comfort / modern convenience
confortable	comfortable ['kʌmfətəbl]
congé	leave of absence
• *être en congé*	to be on leave
• *Permettez-moi de prendre congé.*	Allow me to take leave.

---

conjonctions [gramm.] :
Principales conjonctions :

and (et), *but* (mais), *or* (ou), *if* (si), *after* (après que), *before* (avant que), *since* (depuis que), *till* (jusqu'à), *though* (bien que), *as soon as* (dès que); *either... or* (ou bien... ou bien), *neither... nor* (ni... ni).

   That est aussi conjonction et correspond à notre *que;* dans ce cas, *that* est le plus souvent sous-entendu. Ex. : He said *(that)* he would come = il a dit *qu*'il viendrait. Après un comparatif de supériorité (ou d'infériorité), au *que* français correspond *than;* après un comparatif d'égalité, c'est *as* qu'il faut employer. Ex. : plus grand *que* = greater *than;* moins riche *que* = less rich *than;* aussi gros *que* = as big *as;* pas aussi froid *que* = not so (ou *as*) cold *as.*

   REM. Les conjonctions, en anglais, sont le plus souvent suivies de l'indicatif.

conjunctions [*gramm.*] :

---

connaissance	knowledge ['nɔlidʒ] /[*pl.*] learning
• *faire la connaissance de qqn*	to become acquainted [ə'kwein-tid] with s.o.
• *pas à ma connaissance*	not to my knowledge
connaître	to know (knew, known)
• *Je ne connais pas la route.*	I don't know the way.
conseil (un)	a piece of advice [əd'vais]
• *Donnez-moi un conseil.*	Could you advise me.
conseiller	to advise [əd'vaiz]
• *Que me conseillez-vous?*	What do you advise me (to do...)?
conséquent (par)	therefore; consequently
consigne	cloak-room
• *déposer ses bagages*	to leave one's luggage
• *retirer une valise*	to take a suit-case out
consulat	consulate ['kɔnsjulit]
consulter [médecin]	to consult
• *Puis-je consulter la carte* [routière, restaurant]?	Can I have a look at the map, the menu?
contact	contact [kɔntœkt]; touch
• *prendre contact avec qqn*	to get into touch with s.o.
content	pleased, satisfied
continuer	to go on; to keep on
• *Continuez!* [conversation]	Carry on; On with...
• *Continuez tout droit* [route].	Keep straight on.
contraire (au)	on the contrary
contrat	contract
• *conclure, passer un -*	to conclude an agreement
contre / - *mon gré*	against [ə'genst] / - my will
• *contre-valeur*	exchange value

contrôle [passeports, billets]

contrôler [billets]
contrôleur [train]
convenable / - [correct]
convenir
• *au prix convenu*
• *à l'heure convenue*
• *Cela vous convient-il?*
conversation / - [au téléph.]
corps

examination [igzæmi'neiʃən]; inspection
to check
ticket-collector
suitable ['sjuːtabl]; fitting / decent
to suit; to fit; to become
at the stipulated price
at the hour agreed upon
Does that suit you?
conversation, talk / call
body

corps humain (parties du) :		the human body (parts of) :	
tête	head	*œil;* [pl.] *yeux*	eye
crâne	skull	*oreille*	ear
visage	face	*nez*	nose
figure	face	*bouche*	mouth
cheveux	hair	*lèvre*	lip
joue	cheek	*langue*	tongue
cou	neck	*dent*	tooth; [pl.]
gorge	throat		teeth
tronc	trunk	*bras*	arm
buste	bust	*coude*	elbow
épaule	shoulder	*main*	hand
poitrine	chest	*doigt*	finger
sein	breast	*jambe*	leg
dos	back	*cuisse*	thigh
côté	side	*genou*	knee
taille	waist	*mollet*	calf; [pl.] calves
hanche	hip	*pied*	foot; [pl.] feet
ventre	belly	*orteil*	toe
cœur	heart	*poumon*	lung
artère	artery	*respiration*	breathing
veine	vein	*salive*	saliva
pouls	pulse	*estomac*	stomach
sang	blood	*foie*	liver
circulation	circulation	*rein*	kidney
cerveau	brain	*intestin*	intestine
nerf	nerve	*digestion*	digestion
peau	skin	*se lever*	to stand up
ride	wrinkle	*se lever* (du lit)	to get up
chair	flesh	*être debout*	to stand
muscle	muscle	*s'asseoir*	to sit down
os	bone	*se coucher*	to lie down
articulation	joint	*marcher*	to walk
squelette	skeleton	*courir*	to run
		s'arrêter	to stop

correctement
correspondance [train, métro, avion]

correctly [kə'rektli]; decently
connection [kə'nekʃən]; [U.S.] transfer; connecting flights

correspondance [lettres] :		correspondence [*letters*] :	
lettre	letter	*expéditeur*	sender
papier à lettres	note-paper	— [sur l'en-	— from :...
enveloppe	envelope	veloppe]	
carte postale	post-card	*destinataire*	addressee
timbre	stamp	[lettre]	to :...
envoi ; colis	parcel	— [mandat]	payee
guichet	position	*mandat*	money-order
emballage	packing	*postes*	post
adresse	address	*bureau de poste*	post-office

Envoyer une lettre recommandée.	To send a registered letter.
échantillon sans valeur	no commercial value (sample)
valeur déclarée	registered parcel
par avion	by air-mail
poste restante	« poste restante »
Veuillez signer (ici).	Sign (here).
pièce d'identité	identity document
« *Imprimés* »	« Printed matter »
Prière de faire suivre.	Please, forward.
Mettez vos lettres à la poste.	Post (U.S., mail) your letters.
Y a-t-il du courrier pour moi ?	Is there any mail for me ?

Veuillez faire suivre mon courrier, voici mon adresse.
Please forward my mail, here is my address.

costume [ordinaire]	**suit** [sju:t]
• *costume de bain*	**swimsuit; bathing costume**
• *costume de soirée*	evening dress
• *costume de sport*	sport-suit
côte / - [pente]	**shore; coast** / **hill**
• *une côte (de porc, de mouton)*	a (pork, mutton) chop
côté	**side**
• *sur le côté droit, gauche*	on the right, left side
• *à côté de (moi, vous)*	beside [bi'said], near (me, you)
côtelette	**cutlet** / **chop**
coton / - *hydrophile*	**cotton** / - **wool**
coucher (se)	**to lie down; to go to bed**
couchette [train, bateau, avion]	**berth**
coudre	**to sew** [sou] **(sewed, sewn)**
couleur	**colour**
couloir [train] / - [maison]	**corridor** / **passage; corridor**
coup	**blow**
• *tout à coup ; tout d'un coup*	suddenly
• *coup de brosse (donner un)*	to brush up
• *coup de main (donner un)*	to give a hand
• *coup d'œil (jeter un)*	to cast a glance
• *coup de soleil (attraper un)*	to get sunburnt
• *coup de téléphone (donner un)*	a telephone call (to make -)
couper	**to cut (cut, cut)**
• *se faire couper les cheveux*	to have one's hair cut
couple (un)	**a couple; a pair**

couramment
- *parler couramment*

courant [usuel]
- *courant d'air*
- *courant alternatif, continu*

courrier
- *l'heure d'arrivée du courrier*
- *Y a-t-il du courrier pour moi?*

cours [fig.]
- *les affaires en cours*
- *Quel est le cours du dollar?*

courses (faire des)

court
- *être à court d'argent*
- *court-circuit*

court de tennis

cousin, cousine

couteau

coûter

coutume

couture [action] / - [résultat]
- *Il y a une couture à faire ici.*
- *Maison de couture.*

couvert [adj.]
- « *Couvert compris* » (restaur.)

couverture [lit] / - [de voyage]

craindre
- *Je crains qu'il n'ait oublié.*

crainte
- *de crainte que...*

cravate

crayon / - à bille

crédit / *acheter à -*

crème [restaur., de beauté]

crevaison [autom.]

crevé [pneu]

cric / *mettre sur -*

croire
- *Je crois que vous avez raison.*
- *Je crois bien que oui, que non.*

croisement

cuiller / - à café

cuisine [pièce] / *faire la -*

cuit
- *pas assez cuit*
- *trop cuit*

« **Dames** » [toilettes]

danger
- *en cas de danger*

dangereux, euse (tournant)

---

usually; generally
to speak fluently

usual; common
draught [drɑːft]
alternating, direct current (AC, DC)

post; mail
post-time; [*U.S.*] mail-time
Is there any mail for me?

course; process; price
current affairs
What is the rate for a dollar?

to go shopping

short
to be short of money
short-circuit ['səːkit]

tennis-court

cousin

knife [naif]

to cost (cost, cost)

custom

sewing ['souiŋ] / **seam** [siːm]
Put in a few stitches, here.
Ladies' tailor; couturier.

covered
"No cover charge"

blanket / **rug**

to fear [fiə*]; **to be afraid of...**
I am afraid he has forgotten.

fear, dread
for fear that... lest... [+ *should*]

(neck-)tie

pencil / **ball point**

credit / to buy [bai] on -

cream

puncture; [*U.S.*] **a flat tyre**

punctured ['pʌŋktʃəd] [*tyre*]

jack / to jack up

to believe [bi'liːv]; **to think**
I think you are right.
I think so; I don't think so.

cross-road(s)

spoon / tea-spoon

kitchen / to cook

cooked
underdone; rare [rɛə*]
overdone ['ouvə'dʌn]

« **Ladies** »

danger
in an emergency [i'məːdʒənsi]

dangerous *(bend)*

29

dans / - [avec mouvement]	**in** / **into**
• *dans la rue* [lieu]	in the street
• *dans un moment* [temps]	later on
danse	**dance**
date	**date**
• *Quelle date sommes-nous au-jourd'hui?*	What's the date today?
davantage	**more**
de	**of**
• *une tasse de thé*	a cup of tea
• *la voiture de M. Smith*	Mr. Smith's car
débarcadère	**landing stage**
debout / *rester -*	**standing** / to remain -
débrayage // **débrayer**	**clutch** // **to throw out of gear**
début	**beginning** [bi′giniŋ]; **outset**
• *au début du mois*	early in the month
déchargée [batterie]	**discharged; run down**
décider	**to decide** [di′said]; **to settle on**
• *Décidez-vous!*	Make up your mind!
décision / *prendre une -*	**decision** / to come to a -
déclarer	**to declare; to state**
• *Rien à déclarer?*	(Have you) anything to declare?
dedans / *là -*	**inside** / **in here**
dédommagement	**compensation; indemnity**
dédouaner	**to clear through customs**
défaut	**defect; blemish**
défendu	**prohibited; forbidden**
« **Défense de...** »	« **No...** »
dégâts	**damage**
dégonflé [pneu]	**flat, down** [*tyre*]
dehors	**outside; outdoor(s)**
déjà	**already** [ɔ:l′redi]
déjeuner / *petit -*	**lunch** / breakfast
délai	**delay** [di′lei]
• *à bref délai; sans délai*	at short notice; immediately
demain	**tomorrow**
• *A demain (matin)!*	See you tomorrow (morning)!
• *après-demain*	the day after tomorrow
demander (V. RENSEIGNEMENTS.)	**to ask for**
démarreur	**starter**
demeurer	**to stay**
• *Où demeurez-vous?*	Where are you staying (*or* living)?
demi, demie	**half** [hɑːf]
• *à une heure et demie*	at half past one
• *demi-journée (délai d'une -)*	half-a-day's notice
démonter / *- une roue d'auto*	**to take to pieces** / to remove
dent / *mal de dents*	**tooth** / **toothache** [eik]
dentifrice	**tooth-paste**

dépannage
- *Pouvez-vous me dépanner rapidement?*

dépanneuse (voiture)
départ / - [navire]
- *A quelle heure est le départ?*

dépêcher (se)
- *Dépêchez-vous! / - de faire ceci!*
dépendre

- *Cela ne dépend pas de moi.*
dépense
- *faire de grosses dépenses*
dépenser

repairs [ri'pεəz] **on the spot**
Can you repair it quickly?

breakdown lorry
departure / **sailing**
(At) what time do we leave (*or* start)?

to hurry; to make haste
Hurry up! / Be quick about it.
to be dependent on; to depend [di'pend] **on**
It's beyond [bi'jɔnd] my control
expense [iks'pens]; **charge; cost**
to spend a lot of money ·
to spend (spent, spent)

déplacements en ville :		going about town :	
automobile	car; [U.S.] automobile	*parc; parking*	car park
autobus	bus	*stationnement*	parking place
autocar	coach; bus	*sens unique*	one-way street
tramway	tramcar; [U.S.] street car	*sens interdit*	no entry
		agent de police	policeman
chaussée	roadway;[U.S.] pavement	*procès-verbal*	police-officer's report
trottoir	pavement;[U.S.] sidewalk	*amende*	fine
		refuge	traffic island
(V. aussi tableaux AUTOBUS, MÉTRO, TAXI.)			

depuis... [temps]
- *Depuis combien de temps?...*
- *Depuis quand?*
- *Depuis que... (je suis ici).*
déranger
- *Ne vous dérangez pas!*
- *J'espère que je ne vous dérange pas?*

déraper
dernier, dernière
- *l'an dernier / la dernière année*
- *l'avant-dernier*
derrière
- *par-derrière*
dès...
- *dès demain*
- *dès maintenant*
descendre/ - *à un hôtel*

déshabiller (se)

since; for
How long?...
Since when?
Since (I have been here).
to disturb [dis'tə:b]
Don't move!
I hope I am not intruding [in'tru:diŋ].

to skid
last
last year / the last year
the last but one
behind [bi'haind]; [U.S.] **back of**
(from) behind
as soon... (as)
from tomorrow
right now
to go down; to come down/ to put up at
to undress ['ʌndres]; **to take off one's clothes**

31

désirer	**to wish**
désormais	**from now on; henceforth**
dessert	**dessert** [di'zəːt]; **sweet**
dessous / **au -**	**under; below** / **beneath** [bi'niːθ]
dessus / **au -**	**on** / **above; over it**
destinataire	**addressee** [ædre'siː]; **payee** [pei'iː]
détail	**detail** ['diːteil]; **particular**
• *vendre au détail*	to retail [riː'teil]
• *tous les détails*	full particulars
deux	**two**
• *les deux* / *Donnez-moi -*	both / Give me -.
• *nous deux*	both of us
deuxième / **-** *classe*	**second** / - class
devant / **au -** *de*	**in front (of)** / before
• *par-devant*	in front
développer [phot.]	**to develop; to process** [prə'ses]
devises [étrangères]	**foreign bills; currency**
devoir [obligation] / **-** [conseil] / **-** [dette]	**must** / **should** / **to owe** [ou]
• *Dois-je répéter?* [tél.]	Shall I repeat?
• *Doit-on donner un pourboire?*	Should we tip (the waiter)?
• *Le train doit arriver à 7 h.*	The train is due (to arrive) at 7 o'clock.
• *Combien vous dois-je?*	How much do I owe you?
dictionnaire	**dictionary**
différence	**difference**
différent / **-** *de* / **-** [divers]	**different** / - from / various
différentiel [autom.]	**differential** [*car*]
difficile	**difficult**

excédent de bagages — excess luggage
Vous me devez un supplément de... (F) — You have to pay (... F) excess luggage.
Il me manque une valise! — One case is missing!
J'ai perdu mon portefeuille! — I have lost my wallet.
Voyez le bureau des objets perdus. — Call at the Lost Property Office.

Je ne vous comprends pas, parlez plus lentement.
I can't understand you, speak more slowly.
Y a-t-il un interprète?
Is there an interpreter?
(V. aussi tableaux INCIDENTS ET ACCIDENTS, RÉCLAMATIONS.)

---

dimanche — **Sunday**
dîner — **dinner**
dire — **to say (said, said)**
- *Dites donc! / Dites-moi...* — I say! / Tell me...
- *Que voulez-vous dire?* — What do you mean?
- *c'est-à-dire...* — that is to say...
- *pour ainsi dire* — so to speak
- *Comment dit-on ceci en anglais?* — What is the English for this?

direct (train) — **through [θruː] train**
- *Est-ce que c'est direct de... à...?* — Is it a non-stop journey from... to...?

directement — **directly; straight**
directeur — **manager ['mænidʒə*]; director**
direction [de l'hôtel, etc.] — **manager's office**
- *La direction est faussée* [autom.]. — The steering-gear is out of line.

disposition — **disposal** [dis'pouzəl]
- *Pouvez-vous mettre à ma disposition...?* — Can you let me have...?
- *prendre des dispositions* — to make arrangements

disputer (se) — **to quarrel**

---

disque(s) : — **record(s) ['rekɔːd]; disk(s) :**

disquaire	record shop	*opéra*	opera
microsillon	long - playing (L. P.) record	*jazz*	jazz
		variétés	varieties
33, 45 tours	33 RPM, 45 RPM	*chanson populaire*	pop (-song)
haute fidélité	Hi(gh)-Fi(delity)	*musique classique*	classical music

---

distance — **distance**
- *Quelle distance y a-t-il d'ici à...?* — How far is it from here to...?

distractions :		entertainments [entə'teinmənts]:	
rendre visite à...	to call on...	*sortir*	to go out
		dîner en ville	to dine in town
conversation	conversation		
causer	to talk	*soirée*	evening-party
fumer	to smoke	*invitation*	invitation
cartes	playing-cards	*robe du soir*	evening-dress
cocktail	cocktail	*smoking*	dinner-jacket
hall (de l'hôtel)	hall	*boîte de nuit*	night-club

dizaine / *une - de (personnes)* — ten or so / ten (people) or so
docteur — doctor
dommage / *Quel -!* — damage / What a pity!
donc [pour enchaîner] — so; well
• *donc* [par conséquent] — therefore
donner — to give (gave, given)
• *Donnez-moi de vos nouvelles.* — Let me hear from you.
dont — of; about; at whom (or which)
• *la personne dont nous parlions* — the person we were talking about
• *dont* [appartenance] — whose
• *l'homme dont la voiture...* — the man whose car...
dorénavant — from now on
dormir — to sleep (slept, slept)

douane :		customs; custom-house :	
frontière	frontier	*contrôle des devises*	currency check
exempt de droits	duty free	*douanier*	customs officer
fouille	search		

Avez-vous quelque chose à déclarer?
Have you anything to declare? (*or* Anything liable to duty?)

double — double
• *coûter le double* — to cost twice as much
doucement — gently; cautiously ['kɔ:ʃəsli]; quietly
• *Doucement, S.V.P.!* — Not so fast, please!
douche / *prendre une -* — shower ['ʃauə*] / to have a -
douleur / *avoir une -* — pain / to have a -
douloureux — aching ['eikiŋ]; painful
doute / *sans -* — doubt [daut] / doubtless; probably
douter — to doubt; to have doubts about
• *J'en doute* / *- fort.* — I doubt it / - very much.
• *N'en doutez pas.* — You may be sure of it.
doux [température] / *- [goût]* — mild / sweet
• *doux* [toucher] / *- [animal]* — smooth [smu:ð]; quiet ['kwaiət]
douzaine — dozen
drap [tissu] / *- [lit]* — cloth [klɔθ] / sheet
droit [adv.] — straight [streit]; directly
• *tout droit* / *C'est toujours -.* — straight on / Keep -.

34

droit [n.] / *avoir le -*
right / to have a —
- *A-t-on le droit de...?*
  Is it allowed to...?
- *J'étais dans mon droit.*
  I was within my rights.
- *soumis aux droits*
  dutiable ['djuːtiəbl]
- *exempt de droits*
  duty free

droite
right; right-hand side
- *La première rue à droite.*
  The first street on the right.

du [partitif]
some
- *du* [négation, interrogation]
  any
- *Donnez-moi du... / Avez-vous du...?*
  Give me some... / Have you any...?

dur, dure
hard
- *C'est un peu dur* [lit, etc.]
  It's a bit hard.
- *C'est trop dur pour moi* [difficile].
  That's too difficult for me.

durer
to last
- *Combien de temps dure le trajet?*
  How long is the journey?

dynamo
dynamo ['dainəmou]

eau
water
- *Faire le plein d'eau* [autom.]
  To fill up the radiator ['reidieitə*].
- *eau de table ; eau gazeuse*
  drinking water; fizzy, aerated ['eiəreitid] water
- *eau potable / Est-ce de l'-?*
  drinking water / Is it -?

échange / - [commerce]
exchange [iks'tʃeindʒ] / barter
- *faire l'échange de... contre...*
  to exchange (or barter) something for something else

échappement (tuyau d'-)
exhaust *(pipe)* [ig'zɔːst]

éclair [fermeture]
zipper

éclairage
lighting

éclaté [pneu]
burst [tyre]

économie / *faire des -*
economy [iː'kɔnəmi] / to save up

économique
economical; inexpensive

écouter / *Écoutez-moi!*
to listen [lisn] / Listen to me!

écrire
to write (wrote, written)
- *Écrivez-moi.*
  Write (to) me.
- *Comment cela s'écrit-il?*
  How is it spelt?

écrou
nut

effet
effect; result [ri'zʌlt]; impact
- *faire bon effet*
  to look (or sound) well
- *effet à vue* [banque]
  draft at sight

efforcer (s') / - *de...*
to endeavour [in'devə*] / - to...
- *Je vais m'efforcer de la faire.*
  I'll do my best to do it.

efforts [moral ou physique]
exertion [ig'zəːʃən] ; effort(s)
- *faire des efforts*
  to strive
- *faire tous ses efforts*
  to try hard

égal / *également*
equal ['iːkwəl] / equally
- *Ça m'est égal!*
  It's all the same to me!
- *sans égal*
  matchless

35

église :		church :	
messe	mass	*livre de messe*	missal
culte	service	*Bible*	Bible
aller à la messe	to go to mass	*confessionnal*	confessional
culte catholique	Catholic religion	*temple*	church
		synagogue	synagogue
culte protestant	Protestant religion	*cathédrale*	cathedral
		portail	portal
Église réformée	Reformed church	*nef*	nave
		bas-côté	aisle
religion orthodoxe	Orthodox religion	*chœur*	chancel, choir
		autel	altar
prêtre (catholique)	priest	*abside, chevet*	apse, chevet
		chaire	pulpit
pasteur	clergyman	*orgue*	organ
évêque	bishop	*bénitier*	holy-water basin; stoup
prier	to pray		
se confesser	to go to confession	*vitraux*	(stained glass) windows
communier	to make ones communion	*chapelle*	chapel
		crypte	crypt
communion	communion	*cimetière*	graveyard, churchyard
vêpres	vespers		
sermon	sermon	*cloches*	bells
quête	collection	*clocher*	steeple; tower

« Eh !... »	Hey !; Hi !; Hallo there !
• *Eh bien?*	Well?
• *Eh là (doucement!)*	What's the hurry?
élastique	**elastic; rubber band**
elle [sujet] / *pour -*	**she** / for her
• *C'est elle qui...*	She ... (*or* it is she who)...
• *C'est à elle de décider.*	It's up to her to decide.
• *elle-même*	herself [həːˈself]
éloigner // **éloigné, e**	**to take** (*or* **send**) **away** // **remote; far-away**
• *ne pas s'éloigner*	to stay around
• *pas très éloigné de...*	not very far from...
emballage	**packing; wrapping** [ˈræpiŋ]
emballer [un objet]	**to pack up; to wrap up**
embarquement [passagers]	**embarkment** [imˈbɑːkmənt]
• *embarquement* [marchandises]	shipment
embarquer [passagers, marchandises]	**to embark** [imˈbɑːk]
• *embarquer* [avion]	to emplane
embarras	**embarrassement** [imˈbæːrəsmənt]; **difficulty**
• *Je suis dans l'embarras.*	I am at loss (*or* FAM. : in a fix).
• *embarras d'argent*	money difficulties
• *embarras de voitures*	traffic-jam (*or* block)

36

embarrassé (être)	to be hampered; to feel awkward
embouteillage [autom.]	traffic-jam
embrasser [enlacer] / - [baiser]	to hug / to kiss
embrayage	clutch
• faire régler l'embrayage	to have the clutch adjusted
empaqueter	to wrap up; to pack
empêchement	impediment [im'pedimənt]; obstacle
empêcher [quelqu'un de...]	to prevent [someone from...]
• J'ai été empêché de (venir) par...	I was prevented from (coming) by...
• N'empêche que...	All the same...
emplacement	site; space
employé	clerk; employee
emporter	to take away (or off)
emprunter	to borrow
en / - [mouvement]	in; into
• en sept heures	in seven hours
• Il n'en parle jamais.	He never speaks of it.
• En voulez-vous?	Do you want any?
• Donnez-m'en.	Give me some.
• Il en reste très peu.	There is very little left.
• Elle en a trois blanches et une bleue (= robes, etc.).	She has three white ones and a blue one.
• en arrivant	on arriving
enchanté	delighted [di'laitid]
• J'ai été enchanté de...	I was delighted to...
• Enchanté!	How do you do?
encore	more; again; still; yet
• Encore! / Encore un peu!	Some more! / A little more!
• Dites-le encore une fois.	Say it again.
• Vous êtes encore là?	You are still here?
• Il n'est pas encore arrivé.	He is not yet back.
encre	ink
endormir (s')	to go to sleep; to fall asleep
endosser [un chèque]	to endorse [in'dɔːs]
endroit	place, spot
• A quel endroit?	In what place?
• l'endroit et l'envers	the right and the wrong side
enfant, enfants	child, children [tʃaild, 'tʃildrən]
enfin	at last
engrenages [autom.]	gears
enlever	to take off (or away); to remove
• Faites enlever ceci, S.V.P.	Get this taken away, please.
ennuyer [quelqu'un]	to bore; to bother; to trouble
• Si cela ne vous ennuie pas.	If you don't mind.
ennuyeux [qui crée des ennuis]/ - [qui engendre l'ennui]	troublesome / boring, tedious
enregistrement [bagages]	registering; [U.S.] checking

enregistrer [bagages]	**to register** ['redʒistə*]; [*U.S.*] **to check in**
enrhumé (être)	**to have a cold**
ensemble / - [à la fois]	**together** / **at the same time**
● *dans l'ensemble...*	on the whole...
ensuite / *Et ensuite ?*	**next** / What then?
entendre	**to hear (heard, heard)** [hiə*, hɔːd]
● *Je n('y) entends rien.*	I am at a loss to understand; I understand nothing about (it).
● *Qu'entendez-vous par là?*	What do you mean?
● *J'ai entendu dire que...*	I heard (it said) that...
● *s'entendre*	to get on
Entendu !	**Right-o ! O.K. !**
● *Bien entendu.*	Of course; naturally.
entier	**whole, full**
entièrement	**wholly; entirely; fully**
entracte	**interval** [*U.S.*] **intermission**
entre	**between** [bi'twiːn]
● *entre 11 h et midi*	between 11.00 and 12.00
entrée	**entrance; way in**
● *un billet d'entrée*	admission [əd'miʃən] ticket
● *entrée interdite*	no admittance [əd'mitəns]
● *entrée libre*	come in and look around
● *entrée libre* [librairie]	come in and browse
entreprise	**undertaking**
entrer	**to go in; to enter**
● *Défense d'entrer.*	No admittance.
● *Entrez!*	Come in!
entretien [conversation]	**talk, conversation**
entretien [d'une voiture]	**upkeep**
enveloppe [de lettre]	**envelope**
envelopper	**to wrap up**
envers [prép.] **vous**	**towards you**
envers [n.] / *à l'-*	**wrong side** / inside out; upside down
envie (avoir l')	**to be in the mood for; to intend**
● *J'ai envie de ceci, de cette chose.*	I have a fancy for...
environ	**about** [ə'baut]; **or so**
environs (les)	**surroundings (the)** [sə'raundiŋz]
envoyer / - *chercher*	**to send (sent, sent)** / to send for
épeler [son nom, un mot]	**to spell** [*one's surname, a word*]
épicerie	**grocer's (shop)**; [*U.S.*] **grocery**
épingle / - *de sûreté*	**pin** / safety-pin
● *épingle à cheveux*	hair-pin
épreuve [phot.]	**print**
équipement [camping, etc.]	**outfit**
équitation (V. aussi SPORTS.)	**riding; horsemanship**
équivalent	**equivalent** [i'kwivələnt]
erreur	**error; mistake**
● *C'est une erreur!* [tél.]	Wrong number, sorry!
● *Il doit y avoir une erreur.*	There must be a mistake.

escale [action] / - [port]	**call** / **port of call**
• *faire escale à...*	to call at...; to put in at...
• *sans escale* / *vol* -	non stop / - flight
escalier	**stairs, staircase** ['stɛəkeis]
• *escalier roulant*	escalator
espèces (en)	**in hard cash**
espérer	**to hope**
• *J'espère vous revoir.*	I hope to see you again.
essayage / - [habit]	**trying** / **fitting; trying-on**
essayer / - [habit]	**to try** / **to try on**
essence	**petrol;** [*U.S.*] **gasoline**
• *poste d'essence*	petrol station; [*U.S.*] gas station
essentiel	**the main points**
essieu / - *arrière*	**axle** / back -
essuie-glace	**windscreen-wiper**
essuyer [poussière] / - [humidité]	**to dust** / **to wipe**
• *Essuyez vos pieds, S.V.P.*	Please, wipe your feet.
est [point cardinal]	**east**
estimer / - [objet]	**to appreciate** / **to value**
• *J'estime que (cela suffira).*	I consider (it will be enough).
et	**and**
établir / - *un record*	**to establish** / to set up a record
• *se faire établir (un document)*	to obtain (a document)
étage	**storey; floor**
• *au troisième étage*	on the third floor; [*U.S.*] fourth floor
été	**summer**
éteindre / - [gaz]	**to put out** / **to turn off**
• *éteindre (la lumière, les phares)*	to switch off
étiquette [bagages]	**label;** [*U.S.*] **sticker**
être	**to be (was, been)**
(Conjugaisons) *Je suis, il est, nous sommes, vous êtes; je serai, vous serez; je serais, vous seriez; j'ai été*	I am, he is, we are, you are; I shall be, you will be; I should be, you would be; I have been
• *soyez...!*	be...!
• *C'est moi...*	That's me...
étroit	**narrow**
étudiant	**student** ['stjuːdənt]
étudier	**to study; to read**
eux	**they, them**
éventuellement	**occasionally** [ə'keiʒənəli]
évidemment / **Évidemment!**	**obviously** / **Of course!**
évident	**obvious**
éviter / - [danger]	**to avoid** / **to escape**
exact / - [juste]	**punctual; right**
• *l'heure exacte*	the right time
• *le sens exact (d'un mot)*	the right sense (of a word)
exactement	**accurately** ['ækjuritli]
exagérer	**to exaggerate** [ig'zædʒəreit]
excédent de bagages	**excess** [ik'ses] **luggage**

excellent	excellent
excepté	except [ik'sept] for; let alone
exception	exception [ik'sepʃən]
• à l'exception de	barring; except for; let alone
exceptionnel	exceptional; outstanding
• à titre exceptionnel	exceptionally [ik'sepʃənəli]
excès	excess
excursion (faire une)	to take a trip (or an excursion)

excuses :	apologies [ə'pɔlədʒiz] :
Pardon, madame.	Excuse me, Madam.
Excusez-moi je vous prie.	I beg your pardon.
Je regrette infiniment.	I am very sorry.
Je ne peux rien promettre.	I can't promise you.
Ce sera pour une autre fois.	We'll make up for it some other time.
Je suis navré de ce contretemps.	I am very sorry that I (or we) cannot (make it, etc.).

exemple	example; instance
• par exemple	for instance
exempt de droit [douane]	duty-free
exiger	to demand [di'mɑːnd]
exister	to be in existence [ig'zistens]; to exist
expédier [lettre, paquet, etc.]	to send (sent, sent)
exporter	to export [eks'pɔːt]
express (train)	express train
extérieur (à l')	outside; outdoors
extraordinaire (C'est) !	How extraordinary ! [iks'trɔːdinri]
extrêmement	highly; excessively [ik'sesivli]
face	face
• En face / - de...	In front / - of...
fâché de... / fâché contre...	sorry about... / angry with...
• Êtes-vous fâché (contre moi) ?	Are you cross (with me) ?
fâcher (se)	to get angry
• Ne vous fâchez pas.	Don't take offence.
facile // facilement	easy // easily
façon	way; manner
• De quelle façon ...?	How...?
• de toute façon	anyhow; anyway
facteur / Le - est-il passé?	postman / Has the - been ?
facture // facturer	invoice; bill // to charge
faible	weak [wiːk]
faim / J'ai (très)	hunger / I am (very) hungry.
faire [agir] / - [fabriquer]	to do (did, done) / to make (made, made)
• Que faire?	What can we do?
• Pourquoi faire?	What for?
• Rien à faire!	It can't be helped!; Nothing doing!

- *Cela ne fait rien!* — It doesn't matter!
- *Si cela ne vous fait rien.* — If you don't mind.
- *faire cadeau de...* — to give... as a present
- *faire descendre* [bagages] — to get down
- *faire faire* — to have (*or* get) something done
- *faire monter* [qqch.] — to have brought up (stairs).
- *faire prendre* — to send someone to collect
- *faire suivre* [courrier] — to forward [*mail*]
- *faire venir* [qqn., qqch.] — to have [*someone*] come; to call; to order [*something*]

- *faire voir* — to let see; to show
- « **Faites...** » — **Do...**
- *Faites attention!* — Pay attention! [ə'tenʃən]
- *Faites-moi signe.* — Let me know.
- *Faites vite!* — Be quick! Hurry up!
- **falloir** — **must; to have to...**
- *Il faut que je parte.* — I must go; I have to go.
- *Il faudra que je le lui dise.* — I shall have to tell him.
- *Faut-il que nous ...?* — Have we got to...?; Do we have to...?
- *Combien faut-il de temps!* — How long does it take?
- *comme il faut* — well bred
- (V. aussi DEVOIR.)
- **familier** — **familiar** [fə'miljə*]
- **famille** — **family**
- **fatigue** — **fatigue** [fə'ti:g]; **weariness** ['wiər-inis]
- **fatigué, e** — **tired**
- **fatiguer** — **to tire; to weary** ['taiə, 'wiəri]
- **faute** / *Faire une -.* — **mistake** / To make a -.
- *C'est ma* (ou *votre*) *faute.* — It is my (your) fault.
- **faux, fausse** — **false** [fɔːls]
- **félicitations (Mes)!** — **Congratulations!**
- **féliciter** — **to congratulate** [kən'grætjuleit]
- **féminin** — **feminine; womanly**
- **femme** — **woman;** [*pl.*] **women** ['wumən, 'wimin]
- *ma femme* [épouse] — my wife
- *femme de chambre* — chambermaid
- **fenêtre** — **window**
- **fer** — **iron** [aiən]
- **férié (jour)** — **Bank Holiday**
- **fermé** — **closed; shut**
- *(magasin) fermé le dimanche* — (shop) closed on Sundays
- **fermer** / *- à clef* — **to shut** / to lock
- **fermeture à glissière** — **zipper;** [*U.S.*] **zip-fastener**
- **fête** / *- de quelqu'un* — **feast** / name day
- *jours de fête* — feast-days
- **feu** — **fire**
- *feux de croisement* [autom.] — dipped lights [*car*]
- *feux de position* — side (*or* parking) lights

41

- *feux de route* — headlights, headlamps
- *feux rouges, verts* — red, green traffic lights

fiancé, ée / *être - à...* — **fiancé, e** / to be engaged to...

ficelle — string

fièvre / *avoir de la -* — **fever** / to have a temperature

fil à coudre — sewing thread

- *donner un coup de fil* [tél.] — to ring up; to call up

fille (jeune) — girl; young lady

film — film

fils — son

fin [n. et adj.] — end [*n.*] / fine; thin [*adj.*]

- *jusqu'à la fin (du mois)* — to the end (of the month)

finir — to finish

- *Voilà, c'est fini!* — It's over, now!

fixe (à prix) / *- [restaurant]* — at fixed-price / table d'hôte meal

fixer — to fix; to settle

- *Fixons un rendez-vous.* — Let's make an appointment.

flacon / *- [parfum, etc.]* — flask / scent-bottle

---

fleuriste : — **florist :**

fleurs	flowers	*bouquet; gerbe*	bunch; wreath
corbeille de fleurs	basket of flowers	*plante*	plant
pot de fleurs	pot of flowers	*roses*	roses
œillets	carnations	*tulipes*	tulips
lilas	lilac	*muguet*	lily of the valley
violettes	violets	*pivoines*	peonies
glaïeuls	gladiolus; [*pl.*] i	*anémones*	anemones
lis	lilies	*dahlias*	dahlias
hortensia	hydrangea	*chrysanthèmes*	chrysanthemums
azalée	azalea		

---

fluide / *semi-* [huile autom.] — fluid / semi-fluid

foie / *maladie de -* — liver / liver-trouble

fois — time

- *une fois* / *deux fois* / *trois fois* — once / twice / three times

- *chaque fois* — each time

- *Combien de fois?* — How many times?

fonctionner — to work

- *Comment cela fonctionne-t-il?* — How does it work?

fond [boîte, trou] / *- [voiture]* — bottom / back

- *Au fond (du couloir).* — At the (far) end (of the corridor).

- *à fond* / *nettoyer -* — thoroughly ['θʌrəli] / to clean -

forcé / *être - de...* — compelled / to be - to...

forcément — necessarily; of necessity

---

formalités : — **formalities** [fɔː'mælitiz] :

Agence de voyages.	Travel agency.
Consulat.	Consulate.
Consulter un horaire.	To have a look at the time-table.
Prendre un billet [train].	To buy a ticket.

Réserver une place.	To reserve, to book a seat.
Se faire délivrer un passeport.	To obtain a passport.
Demander un visa.	To apply for a visa.
Passer à la douane.	To go through the customs.

Pour aller jeudi matin à Londres par avion, quel est le meilleur vol?
What is the best flight to go to London, on Thursday morning?
Indiquez-nous l'agence de voyages la plus proche.
Direct us to the nearest travel agency.
(V. aussi tableaux ARGENT, ASSURANCE, DOUANE, PAPIERS D'IDENTITÉ.)

forme	**form; shape**
• *en forme	Êtes-vous -?*	fit / Are you - (*or* in form)?
formule (remplir une)	**to fill in a form**

formules de conversation :	**conversational phrases :**
« *Qui est là?* »	"Who is it?"
— *Le garçon d'étage, monsieur.*	— The boots, Sir.
« *Quelle heure est-il?* »	"What time is it?"
— *Près de 10 h., monsieur.*	— Nearly 10 (o'clock), Sir.
« *Faites-moi couler un bain ; préparez mes vêtements, S.V.P. Dépêchez-vous!*	"I want to have a bath; get my clothes ready, please. Hurry up!
J'ai rendez-vous avec quelqu'un. »	I have an appointment with s.o."
— *M. X est là, il attend monsieur.*	— Mr. X is there and is waiting for you.
« *Faites-le entrer.* »	"Show him in."
— *Comment allez-vous, cher ami?*	— How are you?
« *Très bien, merci, et vous-même?* » (*)	"Very well, thank you, and you?"
— *Je ne me sens pas bien, j'ai mal dormi.*	— I don't feel well, I did not sleep well.
« *Asseyez-vous, je vous prie ; excusez-moi de vous faire attendre.* »	"Take a seat please; I beg your pardon for my keeping you waiting."
— *Cela ne fait rien.*	— That doesn't matter.
Nous ne sommes pas pressés.	We have plenty of time.
Ma voiture est en bas,	My car is down in the street,
voulez-vous faire une promenade?	will you go for a ride?
« *Très volontiers,*	"With great pleasure,
je suis à vous dans un instant. »	I'll be ready in a minute."

(V. aussi tableaux ACCORD, DÉSIRS EXPRIMÉS, EXCUSES, REFUS, RENSEIGNEMENTS DEMANDÉS, REMERCIEMENTS, SALUTATIONS.)

(*) Dans le cas de présentations, la formule est « How do you do? » et la réponse « How do you do! ». Il serait comique de répondre autre chose.

fort / - [bruit]	**strong / loud**
• *au prix fort*	at full price
• *Parlez plus fort* [tél.].	Speak up (*or* louder).

fossé [bord de la route]	**ditch**
foule	**crowd**
fourchette	**fork**
fourrure	**fur**
fragile / *C'est -.*	**fragile** ['frædʒail] / It's -.
• « *Fragile!* » [inscription]	"With care!"
frais, fraîche [pièce, temps]	**cool**
• *frais, fraîche* [nourriture]	fresh
• *une boisson fraîche*	a cool (*or* cold) drink
frais (les)	**expenses** [iks'pensiz]
• *aux frais de...*	at the expense of...
• *à mes* (ou *à vos*) *frais*	at my (your) own expense
• *faux frais*	incidental [insi'dentl] expenses
• *frais d'expédition*	forwarding ['fɔ:wədiŋ] (*or* shipping) expenses
franc, franche [sincère]	**frank**
• *franc de port*	carriage paid
franc [monnaie]	**franc**
• *une pièce de 5 francs*	a 5 francs piece
Français, e	**French**
• *un Français; les Français*	a Frenchman; Frenchpeople, the French
• *Je suis Français(e).*	I am French.
• *le français / Parler -.*	French / To speak -.
France	**France**
frapper	**to knock**
• *Entrez sans frapper!*	Come right in (without knocking)!
• *Frappez avant d'entrer.*	Knock before entering.
frein / *- à disques*	**brake** / disk-brake
• *serrer, desserrer le frein*	to put on, to take off the brake
• *frein à main*	hand-brake
freiner	**to brake**
fréquent // fréquemment	**frequent // frequently**
frère / *beau -*	**brother** / **brother-in-law**
friction [lotion] / *-* [action]	**hair-tonic** / (scalp) massage
froid	**cold**
• *J'ai (un peu) froid.*	I am (a little) cold.
• *Il fait (très) froid.*	It is (very) cold.
frontière / *passer la -*	**frontier** / to cross the -
fruit / *des fruits*	**fruit** [fru:t] / some fruit
fumée	**smoke**
• *La fumée ne vous incommode pas?*	Do you mind the smoke?
fumer (V. tableau TABAC.)	**to smoke**
fumeur	**smoker**
• *Je ne suis pas fumeur!*	I don't smoke!
• «*(Non-) Fumeurs*» [inscription]	"(No) Smoking"
fur et à mesure (au)	**(in proportion) to**
gagner [salaire] / *-* [jeu] / *-* [temps]	**to earn** / **to win** / **to save**

gant / *une paire de gants* | **glove** / a pair of gloves
• *gant* [main de toilette] | washing-glove
garage // **garaglste** | **garage** ['gærɑ:ʒ] // **garage-man**
• *mettre la voiture au garage* | to take in the car
garçon | **boy**
• *Garçon!* [de café, etc.] | Waiter!
• *garçon d'étage* | boots
garde [protection] / - [enfant] | **care; custody** / **baby-sitting**
• *prendre garde* / - *à...* | to beware of... / to take care to...
garder | **to keep (kept, kept)**
gare | **station**
• *gare aérienne* / *gare maritime* | airport / harbour station
« **Gare..!** » | « **Beware...!** »
• *Gare à vos doigts!* | Mind your fingers!
garer (se) | **to park**
gâteau / *gâteaux secs* | **cake** / biscuits ['biskits]
gauche | **left; left-hand side**
• *tenir sa gauche* | to keep (to the) left
• *circulation à gauche* | left traffic
• *tourner à gauche* | to turn (to the) left
• *2ᵉ rue à (votre) gauche* | 2nd street on the left
geler | **to freeze (froze, frozen)**
gêner [déranger] / - [embarrasser] | **to disturb** [dis'tə:b] / **to be in the way**
• *Ne vous gênez pas (pour moi).* | Don't go out of your way (for me).

genre | **kind, sort**
• *ce genre de chose* | this sort of thing
• *de tout genre* | of any kind (*or* description)
gens | **people**
• *jeunes gens* | young men; youths
• *les gens chez qui je vais* | the people I am going to stay with
• *les gens du monde* | (fashionable) society
• *beaucoup de gens* / *Il y avait -.* | many people / There were -.
gentil, gentille | **nice; obliging** [ə'blaidʒiŋ]
• *être gentil avec...* | to be kind with...
• *C'est gentil à vous de...* | It's kind of you to...
gentiment | **nicely; kindly**
gicleur [autom.] / - *bouché* | **jet; nozzle** [*car*] / stopped jet
gilet | **waistcoat;** [*U.S.*] **vest**
glace [miroir] / - [vitre de voiture] | **mirror; looking-glass** / **window**
• *glace* [crème glacée] | ice-cream
• *glace* [eau congelée] | ice
glacé / *Je suis -.* | **frozen** / I am freezing.
• *café glacé* | iced coffee
golf (V. aussi tableau SPORTS.) | **golf**
gonflage / *vérifier le -* | **inflating** / to test the pressure
gonfler [pneus] | **to inflate**
• *pas assez gonflé* | slack; insufficiently inflated
goûter [verbe, n.] | **to taste; to try** [verb] / **tea** [n.]
• *Goûtez-y seulement!* | Just try it (*or* them)!

goutte / - [d'alcool]	**drop** / **dash**
graissage [graisse] / - [huile]	**greasing** ['gri:ziŋ] / **lubrication**
• *huile de graissage*	lubricating oil
graisser [autom.]	**to grease** [gri:z]

grammaire (anglaise) :   **(English) grammar :**
Voir dans cette 1ʳᵉ partie, à leur ordre alphabétique, les titres
suivants : ADJECTIF, ADVERBE, ARTICLES, CONJONCTIONS, NOM, PRÉPO-
SITIONS, PRONOMS, PRONONCIATION ET ACCENT TONIQUE, VERBE,
VOUS.

gramme	**gramme**
grand, e / - [hauteur]	**big; large; great** / **tall**
• *grand, e* [fig.]	great
• *un grand nombre de...*	a large number of...; a lot of...
Grande-Bretagne	**Great Britain**
gras, grasse	**fat**
gratis; gratuit; gratuitement	**free of charge**
• *entrée gratuite*	admission [əd'miʃən] free
grave / - [accident, maladie]	**severe** / **serious, dangerous**
grippe	**influenza;** [FAM.] **flu**
grippé (être)	**to have (the) flu**
• *Je suis un peu grippé.*	I have a slight flu.
• *grippé (moteur)* / - [hiver]	jammed / frozen
gris, e	**grey**
groom d'hôtel	**page-boy;** [U.S.] **bell-boy**
gros, grosse / - [corps]	**big; large** / **stout; fat**
guérir [v. tr., blessure] / - [ma-lade]	**to heal** / **to cure**
• *guérir* [v. i., blessure] / - [ma-lade]	to heal / to recover [ri'kʌvə*]
• *Je suis (tout à fait) guéri.*	I am (perfectly) well again.
guichet	**window**
• *guichet* [théâtre] / - [ch. de f.]	box-office / booking-office
guide / - [livre]	**guide** / **guide-book**
• *guide touristique*	guide; escort
habiller (s')	**to dress; to get dressed**
habit	**dress; costume;** [pl.] **clothes**
• *en habit* / *dîner -*	in evening dress / formal dinner
habitant [pays, ville] / - [maison]	**inhabitant** [in'hæbitənt] / **resident**
habiter	**to live**
• *Où habitez-vous?*	Where do you live?
• *J'habite à l'hôtel X.*	I'm staying at the X Hotel.
habitude	**habit**
• *J'ai l'habitude de (voyager).*	I am used to (travelling).
• *d'habitude*	usually; generally; ordinarily
• *par habitude*	out of habit
habituel	**usual**
habituer (s') à...	**to get used** (or **accustomed**)
hall [de l'hôtel]	**lounge; hall**
Halte !	**Stop !**

hasard
- *choisir au hasard*
- *à tout hasard*
- *par hasard*

hâte / *en -*
hâter (se)

- *Hâtez-vous! / Hâtez-vous de...*

haut, haute
- *de haut en bas*
- *en haut ; là-haut*
- *haute couture*
- *à haute voix*

heure [60 minutes] / - [moment]
- *heure* [cadran]

chance
to choose at random
at all hazards; on the off chance
by chance; by accident
haste; hurry / **hastily**
to hasten; to make haste; to hurry

Hurry up! / Lose no time in...
high [hai]; **tall**
from top to bottom
upstairs; at the top; up there
high-style dressmaking
in a loud voice
hour ['auə*] / **time**
o'clock

---

heures (les) :
une heure [au cadran]
Quelle heure est-il?
Il est 6 heures du matin.

Il est 6 heures du soir (ou 18 h)
Il est midi juste.
Il est à peine minuit.

Il est 5 h 1/2. Non, presque 6 h moins le quart.
Il est 8 h 15, 8 h et quart.
Il est 8 h 40, 9 h moins vingt.
Dans combien de temps arriverons-nous à New York?
A quelle heure est...?
de bonne heure

time :
one o'clock
What time is it?
It is six o'clock in the morning (6.00 A.M.)
It is six o'clock in the evening (6.00 P.M.)
It is twelve (noon) sharp.
It is not quite midnight (*or* twelve at night).
It is half past five. No, nearly a quarter to six.
It is a quarter past eight.
It is twenty to nine.
How long is it until we get to New York?
(At) what time is...?
early

---

heureux // **Heureusement !**
hier
- *avant-hier*
- *hier matin / hier soir*

hiver
hommage
- *Mes hommages à Mme X.*

homme
honnête
honneur
- *J'ai l'honneur de ...*

honte
- *Avoir honte de...*

hôpital
horaire [trains]
hors
- *très loin, hors de la ville*

happy; glad // **Fortunately !**
yesterday
the day before yesterday
yesterday morning / last night
winter
homage ['hɔmidʒ]
My respects to Mrs. X.
man
honest ['ɔnist]
honour ['ɔnə*]; [*U.S.*] **honor**
I beg to...
shame
To be ashamed of... [ə'ʃeimd]
hospital
time-table; [*U.S.*] **schedule**
out, outside
far away, out of town

47

- *hors de prix* — prohibitive
- *hors-d'œuvre* — hors-d'œuvre
hôte [qui reçoit] — **host** [houst]
- *hôte* [qui est reçu] — guest

hôtel : / **hotel :**

palace	palace	*hall*	lounge
hôtel meublé; garni	hotel without meal facilities	*réception*	reception office
		fumoir	smoke-room
		bar	bar
hôtel 1ʳᵉ catégorie	1st class hotel	*ascenseur*	lift; [U.S.] elevator
pension (de famille)	boarding (or guest)-house	*note*	bill; [U.S.] check
auberge	inn	*service compris*	service charge included; no gratuities
bureau	office		
motel	motel		
porte tournante	revolving door	*taxe de luxe*	luxury tax
		taxe de séjour	residence tax
chambre à 1 lit	single room	*petit déjeuner*	breakfast
chambre — à 2 lits	double room	*pension complète*	full board
appartement avec salle de bains	suite with bathroom	*bagages*	luggage; [U.S.] baggage
		couverture	blanket
téléphone	telephone	*oreiller*	pillow
direction	management	*portier*	hall porter; commissionaire
directeur	manager		
réceptioniste	receptionist		
maître d'hôtel	head-waiter	*chasseur*	page; [U.S.] bellhop
valet de chambre	boots [sg.]		
		barman	barman
femme de chambre	chambermaid	*interprète*	interpreter
liftier	lift attendant		

hôtesse [maîtresse de maison] — **hostess**
- *hôtesse de l'air* — air-hostess ['ɛə'houstis]; [U.S.] stewardess

huile — **oil**
- *un bidon d'huile* — a can of oil
- *faire le plein d'huile* — to fill up with oil
- *huile de table* — salad oil

huit — **eight**
- *d'aujourd'hui en huit* — today week; a week from today

humide — **wet; damp**

hygiène — **hygiene** ['haidʒiːn]

ici — **here**
- *par ici / C'est -.* — this way / It's here.
- *d'ici une heure* — an hour from now

• *d'ici peu*	shortly
• *jusqu'ici* [temps]	so far
idée / *Quelle -!*	**idea** |aɪ'dɪə| / **The very -!**
• *changer d'idée*	to change one's mind
ignorer	**not to know; to be unaware of...**
il [personnel] / - [impersonnel]	**he** / **it**
île	**island**
illustré (un)	**a picture paper**
immédiatement	**immediately** [i'miːdjətli]; **at once**
imperméable (un)	**waterproof; raincoat; mack**
importance / *sans -*	**importance** / **of no -** [im'pɔːtəns]
important	**important**
• *important* [somme] / - [événe- ment]	considerable [kən'sidərəbl] / out- standing
importation [action] / - [mar- chandise]	**importing** [im'pɔːtiŋ] / **imports** ['impɔːts]
importe (il) que...	**it is essential** [i'senʃəl] **that...**
• *Peu importe!*	No matter!
• *n'importe comment*	anyhow
• *n'importe lequel*	any
• *n'importe où*	anywhere
• *n'importe quand*	at any time
• *n'importe qui*	anybody; anyone
• *n'importe quoi*	anything
importer [des marchandises]	**to import**
importuner	**to intrude** [in'truːd]; **to bother**
impossible	**impossible** [im'pɔsəbl]
impression	**impression**
imprévu / *sauf -*	**unexpected; unforeseen** / **if all goes well**
inadmissible	**inadmissible** [inəd'misəbl]

incidents et accidents :		**incidents and accidents :**
contravention	fine	*gendarme* gendarme; constable
constat	police report	« *motards* » motocycle po- lice

poste de secours	first aid station
commettre une infraction au code de la route	to break the rule of the road
Allô! Je suis en panne.	Hullo! I have had a breakdown.
Envoyez-moi une dépanneuse.	Send me a break-down lorry ([*U.S.*] wrecking truck).
J'ai eu un accident.	I have had an accident.
collision; dérapage	collision, crash; skidding
Il y a des blessés, envoyez-moi une ambulance.	There are some injured persons, send me an ambulance.
Qu'est-il arrivé?	What has happened?
Au feu! Appelez les pompiers!	Fire! Call the fire-brigade!

49

Au voleur! Demandez police-secours!	Stop thief! Call in the police! (Dial 999.)
Je veux porter plainte...	I want to make a complaint...
Nos voitures se sont accrochées.	We had a collision.
Y a-t-il des dégâts?	Is there any damage?
Êtes-vous assuré?	Are you insured?
Appelons un agent pour le constat.	Let's call a policeman to make a report.
J'ai perdu ma montre!	I've lost my watch!
Allez au bureau des objets trouvés.	Go to the Lost Property Office.
(V. aussi tableau DIFFICULTÉS.)	

inclus	**included** [in'kluːdid]
• *Est-ce inclus dans le prix?*	Is it included in the price?
• *ci-inclus* [lettres]	herewith; enclosed
incommoder	**to bother; to inconvenience**
inconvénient	**drawback;** [FAM.] **snag**
indéfrisable	**permanent wave;** [FAM.] **perm**
indicateur [de vitesse]	**speedometer**
• *poteau indicateur*	sign-post
indications (donner des)	**to give directions**
indiquer / *Pouvez-vous m' - ...?*	**to show** / Can you show me ...?
indisposé	**unwell; indisposed**
inexact	**inexact; inaccurate** [in'ækjurit]
inférieur / - [qualité]	**inferior; lower** / **poorer**
• *la partie inférieure de...*	the lower part of...
infirmière	**nurse**
informer (s') / - *de...*	**to make enquiries** / **to enquire** [in'kwaiə*] **about...**
inquiet	**restless; anxious**
inquiéter (s')	**to worry**
• *Ne vous inquiétez pas!*	Don't worry!
inscrire	**to write down**
• *se faire inscrire pour...*	to register; to have one's name put down on the waiting list
insister / *N'insistez pas!*	**to insist** / Don't rub it in!
instant	**moment**
• *Attendez un instant!*	Wait a moment!
• *à l'instant*	just now; at once
interdit	**forbidden; prohibited**
intéressant / - [prix]	**interesting; attractive**
intérêt	**interest**
intérieur (à l')	**inside; indoors**
intermédiaire [adj. et n.]	**intermediary** [intə'miːdiəri, *adj.*]; **go-between** [*n.*]
• *par l'intermédiaire de* [qqn]	through [some one]
interprète	**interpreter** [in'təːpritə*]
interrompre / - *un voyage*	**to interrupt** / to break a journey
interrupteur électrique	**switch**
intersection de routes	**crossing**

50

inutile
- *Il est inutile de...*

useless; unnecessary
There is no point in...

inviter (V. tableau VISITE.)
Irlandais / *un* - / *les* -
Irlande / - [nom officiel]
ivre // **ivresse**
jamais [sens négatif]
- *jamais* [positif : = une fois]
- *à jamais*

to invite; to ask
Irish / an Irishman / the Irish
Ireland / Eire
drunk; drunken // intoxication
never
ever
for ever

jambe
jambon
jante [autom.]
jaquette
jardin
jarretelle
jarretière
jauge [autom.]
jaune
- *jaune d'œuf*

leg
ham
rim; felloe [*car*]
jacket; coat
garden
suspender; [*U.S.*] garter
garter
gauge [geidʒ]; petrol-gauge
yellow
yolk

jazz :		jazz :	
orchestre	jazz-band	*chanteur*	singer
piano	piano	*micro*	microphone
saxophone	saxophone	*air*	tune
guitare	guitar	*rythme*	rythm
batterie	drums	*twist*	twist
boîte de nuit	night-club	*danser*	to dance

jetée
jeter

jetty; pier
to throw [θrou] (threw, thrown)
[θroun]; to throw away

jeu
(V. tableaux JEUX, SPORTS.)
jeudi
jeune
- *jeune homme*
- *jeune fille*
jeunesse
- *auberge de la jeunesse*

play; game

Thursday ['θəːzdi]
young
young man; a youth
young girl
youth
youth Hostel

jeux :		games :	
jeu de cartes	card games	*battre*	to shuffle
pique	spades	*couper*	to cut
trèfle	clubs	*échecs*	chess
cœur	hearts	*dés*	dice; [*sg.*] a die
carreau	diamonds	*dames*	draughts
atout	trumps	*dominos*	dominoes

joie / *avec* -
- *se faire une joie de...*
joindre
- *J'ai essayé de vous joindre.*

joy; mirth / gladly
to be delighted to...
to join; to meet (met, met)
I tried to join you.

joint (ci-)		enclosed	
joli		pretty, nice	
jouer		to play	
jouet		toy	
jour		day	

- *tous les jours; tous les deux jours* — every day; every other day
- *une fois par jour* — once a day
- *jour de fête* — holiday; feast day

jours de la semaine :		**week-days :**	
lundi	Monday	*hier*	yesterday
mardi	Tuesday	*avant-hier*	the day before yesterday
mercredi	Wednesday		
jeudi	Thursday	*demain*	tomorrow
vendredi	Friday	*après-demain*	the day after tomorrow
samedi	Saturday		
dimanche	Sunday	*quotidien*	daily
aujourd'hui	today	*hebdomadaire*	weekly

Quel jour sommes-nous aujourd'hui? — What day is it today?; What's the date today?

Venez me voir samedi matin. — Come and see me on Saturday morning.

D'aujourd'hui en huit. — Today week; a week from to day.

journal	(news) paper

journàux (chez le marchand de) :		**at the news-agent's :**	
quotidien	daily	*journal illustré*	illustrated paper
journal du matin	morning paper	*magazine*	magazine
journal du soir	evening paper	*revue*	review
hebdomadaire	weekly	*kiosque*	newstand
mensuel	monthly	*crieur*	paper boy

journée / *toute la -*	day / the whole -
jumelles [théâtre]	binoculars` [bi'nɔkjuləz]
jupe	skirt [skəːt]
jurer	to swear (swore, sworn) ['swɛə*, swɔː*, swɔːn]
jus [fruits] / *- d'ananas, etc.*	juice [dʒuːs] / pine-apple juice, etc.
jusqu'... [temps] / *- [espace]*	until; till / as far as; to

- *jusqu'à ce que...* — until
- *jusqu'ici; jusque-là* — so far; up to now
- *Jusqu'où...?* — How far?
- juste / *- [justice]* — just / fair
- *juste* [exact (heure, mot)] — right
- *C'est juste ce qu'il me faut.* — That's just the thing for me.
- *A midi juste.* — At twelve noon.
- *juste* [étroit, insuffisant] — tight
- *juste* [seulement] — only

- *C'est juste pour la nuit.* — That's only for the night.
kilogramme; kilo — [= 2,204 livres angl.]
kilomètre — [= 0,624 mile anglais] 8 km = 5 miles [*approx.*]

kiosque (à journaux) — news-stand
Klaxon // klaxonner — hooter // to hoot
- *interdit de klaxonner* — sound signals prohibited
la [article] — the
- *la* [pronom pers. compl.] — her
là — there [ðɛə*]
- *Mme N. est-elle là? / Qui est là?* — Is Mrs. N. here? / Who is there?
- *par là / Il est parti -.* — this way / He went this way.
- *d'ici là* — in the meantime
- *là-bas / là-haut* — over there; down there / up there
- *là-dedans* — in there; within
- *là-dessous* — under that; underneath
- *là-dessus* — on that
laid [chose] / - [personne] — ugly / plain
laine / *en -* — wool / woollen
laisser — to leave (left, left)
- [Quitter] *Je vous laisse.* — I must go now.
- *Laissez cela!* — Leave this!
lait — milk
- *au lait / café - / thé -* — with milk / coffee - / tea -
lame / *- de rasoir* — blade / razor -
lampe [électr.] — lamp; (light) bulb
- *lampe de chevet* — bedside lamp
- *lampe de poche* — (pocket) torch
langue — language ['læŋgwidʒ]
laquelle...? — which...?
large — wide; broad
- *deux mètres de large* — two yards wide
largement — largely
- *(en avoir) largement assez* — (to have) plenty of it
las, lasse / *- de...* — weary ['wiəri]; tired / - of...
lavabo — wash-bowl ['wɔʃ'boul]
- *lavabos* [= W.-C.] — lavatory ['lævətəri]
laver (se) — to wash
le [pron. pers., m.] / - [neutre] — him / it
leçon / *prendre des -s* — lesson / to take lessons
léger, légère — light; slight; frivolous
- *du thé léger, de la bière légère* — weak tea, mild beer
lendemain (le) — the next day
lent // lentement — slow // slowly
lequel...?; [plur.] **lesquels** — which of these?
les [article] / - [pron.] — the / them
lettre (V. tableau CORRESPONDANCE.) — letter
- *écrire son nom en toutes lettres* — to write one's name in full
- *écrire une lettre* — to write a letter

leur [pron.] / - [adj. poss.]   **(to) them** / **their** [ðɛə*]
lever (se) / - [du lit]   **to stand up** / **to get up**
lèvre / *rouge à lèvres*   **lip** / lipstick
libérer (se) / - *de...*   **to free oneself** / - from...
• *Je me suis libéré pour aujour-*   I have taken the day off.
  d'hui.

librairie :		**bookshop;** [*U.S.*] **bookstore :**	
librairie	bookshop	*estampe*	print
livre d'art	art book	*roman*	novel
livres anciens	old books	*roman policier*	detective story
bibliophile	bibliophil	*livre technique*	technical book
broché	stitched; paper back	*dictionnaire bilingue*	bilingual dictionary
relié	bound	*catalogue*	catalogue
édition	edition	*guide touristique*	guide-book
tirage limité	limited edition	*plan (de la ville)*	(town-)map
gravure	engraving	*carte routière*	road-map

libre   **free; unoccupied**
• *pas libre* [téléphone]   engaged [in'geidʒ]; [*U.S.*] busy
• *libre-service*   self-service
lieu   **place; spot**
• *au lieu et à l'heure convenus*   in proper time and place
• *au lieu de...*   instead of...
• *s'il y a lieu*   if need be
• *lieu de naissance*   birth [bəːθ] place
ligne / *grandes lignes* [train]   **line** / main lines
• *ligne aérienne*   airline
• *ligne d'autobus*   bus-route; bus-service
lime / - *à ongles*   **file** / nail -

linge :		**linen :**	
I. HOMMES — MEN'S			
chemise	shirt	*mouchoir*	handkerchief
col	collar	*caleçon*	pants; [*U.S.*] underpants
col dur	stiff collar		
manchette	cuff	*slip*	briefs
boutons de manchettes	cuff-links	*chemisette sport*	sports shirt
cravate	(neck-)tie	*pyjama*	pyjamas
ceinture	belt	*maillot de corps*	vest; [*U.S.*] undershirt
chaussettes	socks		
II. FEMMES — WOMEN'S			
chemise de nuit	night-gown (or —dress)	*porte-jarretelles*	suspenders; [*U.S.*] garterbelt
culotte	panties	*chemisier; blouse*	blouse; [*U.S.*] shirtwaist
jupon	petticoat		
combinaison	slip	*soutien-gorge*	bra; brassière
lingerie	Ladies' underwear	*gaine*	girdle
		bas	stockings

liqueur(s)   **liqueur; alcoholic drinks**
lire   **to read (read, read)** [riːd, red, red]

liste   **list**

lit	**bed**
• *une chambre à un lit, à deux lits*	a single, a double room
• *lits jumeaux*	twin beds
• *lit à deux places*	a double (*or* large) bed
litre	[= 0,25 U.S. gallon, et 1,76 Engl. pints]
livraison	**delivery** [di'livəri]
livre(s) [1/2 kilo]	**pound**
livre [lecture]	**book**
location (bureau de) [ch. de fer]	**booking-office**
• *location (bureau de)* [théâtre]	box-office
• *location sans chauffeur*	self-drive hire service; car rental service
locomotion (moyens de)	**(means of) conveyance**
loger [v. tr.] / - [v. i.]	**to accommodate / to live (in)**
• *Pouvez-vous me loger?*	Can you accommodate me?
• *loger à l'hôtel*	to stay at an hotel
• *loger chez l'habitant*	to stay in a private house; to rent a room in town
loin / *(un peu) plus -*	**far** / (a little) farther
• *pas si loin; moins loin*	not so far; less far
long, longue	**long**
• *le long de... / tout -*	along / all -
• *deux pieds de long*	two feet long
longtemps	**a long time; long**
• *depuis longtemps*	(for) a long time
• *il y a longtemps*	long ago
lorsque	**when**
louer [par le propriétaire]	**to let; to hire out... to s.o.**
• *louer* [par le client]	to rent; to hire
• *louer* [théâtre]	to book
• *(appartement) à louer*	(flat) to let
lourd, e / *nourriture -*	**heavy** / too rich food
lui [sujet] / - [complément]	**he** / **him**
• *lui-même*	himself
lumière	**light**
• *allumer la lumière* / - [électr.]	to light / to switch on
• *éteindre la lumière* / - [électr.]	to put out / to switch off
lune	**moon**
lunettes / *paire de -*	**spectacles** / (a pair of) glasses
luxe / *de -*	**luxury** ['lʌkʃəri] / de luxe
ma...	**my**
machine à écrire	**typewriter** ['taipraitə*]
madame [seul]	**Madam**
• [devant un nom] *Mme Martin*	Mrs. Martin
mademoiselle	**Miss**

[N. B. Toujours suivi du nom ou du prénom de la personne en anglais.]

55

magasins :		stores :	
vêtements	clothes	*ameublement*	furniture
— *de confec-tion*	ready made -	*parfumerie*	perfume de-partment
— *sur mesures*	(made)-to-measure -	*cadeaux*	presents
		jouets	toys
linge	linen	*sports*	sports
— *de corps*	underclothes (-ing)	*photographie*	photography
		papeterie	stationary
— *de maison*	house linen	*librairie*	book depart-ment
chaussures	shoes		
fourrures	furs	*salon de thé*	tea-room
interprète	interpreter	*rez-de-chaussée*	ground-floor; [*U.S.*]
chef de rayon	shopwalker		first floor
vendeur	assistant		
étalage	display; win-dow	*étage*	floor; storey
		sous-sol	basement
comptoir	counter	*ascenseur*	lift; [*U.S.*] ele-vator
caisse	cashier's desk		
escalier rou-lant	escalator	*pour monter*	(going) up
		pour descendre	(going) down
(V. aussi tableaux ACHATS, ARGENT, MARCHÉ.)			

maillot de bain — swimsuit; bathing ['beiðiŋ] cos-tume; [*U.S.*] suit

main — hand
- *serrer la main de quelqu'un* — to shake hands with s.o.
- *A main droite!* — On (*or* to) the right hand side!
- *fait à la main* — hand made

maintenant / *dès -* — now / from - on

mais / *Mais non!* — but / Oh no!

maison — house
- *à la maison* / *rester -* / *fait -* — at home / to stay - / home-made

maître d'hôtel — head-waiter

mal / *- fait* — ill; badly / badly done
- *J'ai mal... à la tête, aux dents.* — I have a headache, toothache.
- *Où avez-vous mal?* — Where does it hurt (you)?
- *se trouver mal* — to faint; to feel faint
- *mal de l'air; mal de mer* — air-sickness; sea-sickness

malade — ill
- *tomber malade* — to be taken ill; to fall ill

maladie :		illness; sickness :	
empoisonne-ment	poisoning	*foulure*	sprain
		fracture	fracture
allergie	allergy	*crise d'appen-dicite*	appendicitis
constipation	constipation		
coliques	colic; gripes	*brûlure*	burn
insolation	sunstroke	*mal aux dents*	toothache
hémorragie	hæmorrhage	— *à la tête*	headache

mal au ventre	belly-ache	*rhume*	cold
courbatures	stiffness	*appeler le mé-*	to call in a
fatigue	fatigue	*decin*	doctor
grippe	flu; influenza		

malaise — indisposition, malaise
malentendu — misunderstanding
malgré / - *cela* — in spite of / - that
● *malgré tout* — yet; still
malheur / *par -* — bad luck / as ill luck would have it
malheureusement — unfortunately; unluckily
malle — trunk
mallette — attaché-case [ə'tæʃikeis]
manche [vêtements] — sleeve
Manche (la) — the Channel
mandat / *envoyer, toucher un -* — money-order / to send, to cash a -
● *mandat-carte* — postcard money-order
● *mandat international, télégra-phique* — international, telegraphic money-order
manger — to eat (ate, eaten) [iːt, et, iːtn]
● *salle à manger* — dining-room
manière — way; manner
● *De quelle manière...?* — How...?
● *d'une manière ou d'une autre* — somehow or other
manivelle [autom.] — starting handle; [U.S.] crank
manquer — to be missing; to run short
● *manquer de...* — to lack; to want
● *Il me manque...* (qq. ch.) — I miss (or I lack) [sth]
● *manquer d'argent* — to be short of (or to lack) money
● *manquer l'avion, le train* — to miss the plane, the train
● *Vous me manquez.* — I miss you.
manteau — cloak; coat; [U.S.] top coat
● *manteau de pluie* — raincoat
manucure — manicure ['mænikjuə*]
maquillage / *se maquiller* — make-up / to make up oneself
marchand / *- [en gros]* — dealer; shopkeeper / merchant
marchandise — good; wares ['wɛːəz]
marche — walk; walking
● *à deux heures de marche (d'ici)* — two hour's walk from (here)
● *mettre en marche* / *- arrière* — to switch on / to reverse [ri'vəːs]
● *(Attention aux) marches!* — Steps; stairs!
marché — market
● *bon marché* / *meilleur marché* — cheap / cheaper

marché (faire son) :		**(to do one's) household shopping**	
marché	market	*self-service*	self-service
halles	covered market	*fournisseur*	tradesman
magasin	store	*boucherie*	butcher's
boutique	shop; [U.S.] store	*charcuterie*	pork butcher's
		triperie	tripe-shop
supermarché	supermarket	*poissonnerie*	fish-shop

marchand de volailles et de gibier	poulterer	*crèmerie*	dairy
épicerie	grocer's	*boulangerie*	baker's; bakery
boucherie	butcher's	*pâtisserie*	confectionary
légumes	vegetables	*fromage*	cheese
salade	lettuce	*œufs*	eggs
fruits	fruit	*pâtes*	spaghetti
rôti	joint	*riz*	rice
lait	milk	*conserves*	tinned food
beurre	butter	*livrer à domicile*	to deliver

(V. aussi tableau RESTAURANT.)

marcher	**to walk** [wɔːk]
mari	**husband**
mariés / *jeunes -*	**married** / newly married couple
maritime (gare) // **ligne maritime**	**harbour-station** // **steamship-line**
marmelade (d'oranges)	(orange) **marmalade**
marque / *bonne -* / *meilleure -*	**brand**; **make** / good - / better -
marron [couleur]	**brown**
marteau	**hammer**
massage	**massage** ['mæsɑːʒ]
matelas / *- pneumatique*	**mattress** / air-mattress
matin / *ce -*	**morning** / this -
mauvais, e	**bad**; **ill**
• *mauvais chemin*	wrong way
• *en mauvais état*	in bad condition [kən'diʃən]
• *au mauvais moment*	at the wrong time
• *mauvaise affaire*	a bad deal
• *avoir mauvaise mine*	to look ill
• *mauvaise route (sur la)*	(on the) wrong road
maximum / *au -*	**maximum** / at most
• *vitesse maximale*	speed limit
me [complément] / *-* [réfléchi]	**me** / **myself**
mécontent / *- de...*	**displeased** / dissatisfied with

médecin :		**doctor :**	
consultation	consultation	*intervention*	surgical intervention
visite	visit	*urgence*	emergency
auscultation	auscultation	*chirurgien*	surgeon
tension	blood-pressure	*hôpital*	hospital
sthétoscope	sthetoscope	*clinique*	clinic
symptôme	symptom	*infirmière*	nurse
diagnostic	diagnosis	*fracture*	fracture
thérapeutique	therapeutic	*radiographie*	X-ray photograph
ordonnance	prescription		
traitement	treatment	*appendicite*	appendicitis
régime	diet	*spécialiste*	specialist
honoraires	fees	*piqûre*	injection
accident	accident		

garder la chambre	to stay in		
avoir de la fièvre	to be feverish		
prendre sa température	to take one's temperature		

(V. aussi MALADIES, PHARMACIEN.)

médicament	**medecine** ['medsin]
médiocre [qualité] / - [moyen]	**poor** / **medium**
meilleur (que) ... / **le -**	**better (than)** / **the best**
même [avant le nom]	**same**
• *le même jour* / *la même chose*	the same day / the same thing
• [après le nom] *le jour même*	the very day
• *C'est cela même.*	That's just it.
• *moi-même, vous-même*	myself, yourself
mener	**to lead (led, led)** [li:d, led, led]
• *Menez-moi... (à la gare).*	Take me... (to the station).

---

menu :	**menu** ['menju] :

I. POTAGES, HORS-D'ŒUVRE — SOUP, HORS-D'ŒUVRE

bouillon	broth	*olives*	olives
soupe à l'oignon	onion-soup	*melon*	melon
— au cresson	cress-soup	*sardines*	sardines
julienne	vegetable soup	*thon à l'huile*	tunny in oil
crudités	raw vegetables	*foie gras*	foie gras

II. ŒUFS, ENTRÉES — EGGS, ENTRÉES

œufs à la coque	boiled eggs	*croque-mon-*	Welsh rarebit-
— sur le plat	fried —	*sieur*	ham sand-
— brouillés	scrambled —		wich
omelette	omelet(te)	*fondue*	fondue [*melted cheese*]

III. POISSONS, CRUSTACÉS, COQUILLAGES — FISH, SHELL-FISH

colin	hake	*homard*	lobster
dorade	sea-bream	*langouste*	spiny lobster
hareng	herring	*huîtres*	oysters
maquereau	mackerel	*moules*	mussels
thon	tunny	*escargots*	snails
truite	trout	*fruits de mer*	shell-fish;
brochet	pike		[*U.S.*]
saumon	salmon		sea-food
écrevisses	crayfish	*grenouilles*	frogs

IV. VIANDES, VOLAILLES, GIBIER — MEAT, POULTRY, GAME

rôti	roast (meat)	*gigot*	leg of mutton
grillade	grill, grillade	*foie de veau*	calf liver
bifteck	steak	*poulet rôti*	roast chicken
— saignant	— underdone	*— cocotte*	stewed chicken
— à point	— medium	*canard*	duck
— bien cuit	— well done	*pigeon*	pigeon
côtelette	chop	*oie*	goose
escalope	escalope	*dinde*	turkey

faisan	pheasant	*lièvre*	hare
lapin	rabbit	*civet*	jugged rabbit

V. SAUCES, ASSAISONNEMENTS — SAUCES, SEASONING

mayonnaise	mayonnaise	*poivre*	pepper
sauce tomate	tomato sauce;	*moutarde*	mustard
	ketchup	*huile*	salad oil
sel	salt	*vinaigre*	vinegar

VI. LÉGUMES, SALADES — VEGETABLES, SALADS

pommes	potatoes	*riz*	rice
de terre		*tomates*	tomatoes
purée de —	mashed pota-	*aubergine*	egg-plant
	toes	*courgettes*	squash
pommes frites	chips	*poivrons*	green peppers
navets	turnips	*asperges*	asparagus
macédoine	salad	*artichaut*	artichoke
haricots verts	(French) beans	*laitue*	lettuce
pâtes	spaghetti; ma-	*cresson*	cress
	caroni;	*scarole*	endive
	noodles	*endive*	chicory

VII. FROMAGES, FRUITS, DESSERTS — CHEESE, FRUIT, SWEETS

gruyère	[*U.S.*] Swiss	*banane*	banana
	cheese	*tarte*	tart; pie
hollande	Dutch cheese	*gâteaux secs*	biscuits; [*U.S.*]
camembert	camembert		crackers
roquefort	Roquefort	*gâteaux à la*	cream cakes
	cheese	*crème*	
fromage frais	green cheese	*crème*	cream
— de chèvre	goat's milk	*glace*	ice-cream
	cheese	*abricot*	apricot
pomme	apple	*cerises*	cherries
poire	pear	*raisins*	grapes
fraises	strawberries	*noix*	walnuts
pêche	peach	*noisettes*	hazel-nuts

(V. aussi tableaux BOISSONS, CAFÉ, RESTAURANT.)

---

mer / *par -*   **sea** / by -
- *mer agitée* / *mer calme*   choppy sea / calm, smooth sea
mercerie   **haberdasher's shop**
Merci (beaucoup) !   **Thank you (very much) !**
- *Non, merci.*   No, thank you.
(V. aussi tableau REMERCIEMENTS.)
mère   **mother** ['mʌðə*]
mes...   **my**
Mesdames [au début d'un dis-   **Ladies**
   cours]
Mesdemoiselles [au début d'un   **(Young) Ladies**
   discours]

messe / la grand -
(V. aussi tableau ÉGLISE.)
Messieurs!
- *Messieurs N. et X.*
mesure
- *Dans quelle mesure...?*
- *Dans une certaine mesure...*
- *en mesure de... | Êtes-vous -?*
- *(vêtements) sur mesure*

métal
mètre [= 39,37 inches]

mass [mæs] / high -
Gentlemen!
Messrs. N. & X.
measurement [ˈmeʒəmənt]
How far...?; To what extent...?
To some extent...
in a position to... / Are you -?
(clothes) made to measure; [*U.S.*]
  custom-made (clothes)
metal
metre [ˈmiːtə*]

métro :		underground (railway); tube :	
métro (politain)	underground (railway); tube	*escalier roulant*	escalator
		guichet	booking-office
— *aérien*	[*U.S.*] elevated	*chef de station*	station master
ligne	line	*poinçonneur*	ticket puncher (*or* collector)
station	station		
changer	to change	*ticket*	ticket
direction	direction	*rame*	train
correspondance	connection; [*U.S.*] transfer	*1re classe*	1st class
		2e classe	2nd class

Pour aller de l'Opéra à l'Étoile, où faut-il changer?
At which station shall I change to go from Opera to Etoile?

mettre
- *se mettre au lit*
- *se mettre en colère*
- *se mettre en route*
- *mettre fin à...*

- *mettons ... dans une demi-heure*
meuble
meublé(e) / *chambre* -
midi; à midi
- *exposé au midi*
miel
mien, mienne
- *C'est le mien, la mienne.*
mieux
- *J'aimerais mieux...*
- *tant mieux*
- *Faites pour le mieux.*
milieu / *au - de*
mille [nombre]
mille [unité de longueur = 1 609 mètres]
mince [papier, tissu]

to put (put, put)
to go to bed
to get angry
to start off; to get started
to put an end to...; to bring to an end
say... half-an-hour from now
piece of furniture [fˈəːnitʃə*]
furnished / - room
twelve noon
facing south [sauθ]
honey
mine
It is mine.
better
I had rather...
so much the better
Do what is best.
middle / in the -
one thousand
mile

thin

61

minuit	midnight
minute	minute ['minit]
miroir	mirror, looking-glass
mise...	
• *mise au point* [phot.]	focussing ['foukəsiŋ]
• *mise en plis*	(wave-) setting
• *mise en route* [autom., etc.]	starting
mode / *à la -*	fashion / fashionable ['fæʃnəbl]
modéré (prix)	moderate price
moi [sujet] / - [compl.] / - [réfléchi]	I / me / myself
moins	less
• *moins de*	less [*sg.*]; fewer [*pl.*]
• *au moins; du moins*	at least
• *le moins possible*	as little [*sg.*] (few [*pl.*]) as possible
• *à moins que ...*	unless [ən'les]...
mois	month
• *Quel jour du mois sommes-nous?*	What day is it today?

mois et saisons :		months and seasons :	
janvier	January	*automne*	Autumn
février	February	*hiver*	Winter
mars	March	*trimestre* / - [scolaire]	quarter / term
avril	April		
mai	May	*semestre* / - [scolaire]	half-year / se-mester
juin	June		
juillet	July		
août	August	*année*	year
septembre	September	*décennie*	decade
octobre	October	*siècle*	century
novembre	November	*date*	date
décembre	December	*calendrier*	calendar
		hebdomadaire	weekly
printemps	Spring	*mensuel*	monthly
été	Summer	*annuel*	yearly
A quelle date commence le prin-temps? Le 21 mars.		What date does Spring begin? On March 21st.	

moitié / *à - prix*	half [hɑːf] / at half-price
moment	moment
• *Un moment!*	One moment!
• *Dans un moment!*	(Wait) a minute!
• *pour le moment...*	for the time being...
• *au moment de... (partir)*	as we were ready... (to start)
• *au moment où...*	just when...
monde / - [élégant]	world / society [sə'saiəti]
• *tout le monde / Comme -.*	everybody / Like -.
• *beaucoup de monde*	a lot of people
Monsieur (Martin) [Mr. ne se dit pas sans être suivi du nom.]	Mr. [Martin]
• *Monsieur* [Sir très déférent, d'inférieur à supérieur].	Sir

montant [d'une facture]	amount [ə'maunt]
monter	to go up
• *faire monter un visiteur, des bagages, etc.*	to show (*or* let) s. o. up; to have (*or* get) one's luggage brought up
• *faire monter dans sa voiture*	to give s. o. a lift
• *monter en voiture*	to get into a car
montre / *montre-bracelet*	watch / wrist-watch
montrer	to show (showed, shown)
morceau / *un petit -*	piece / a bit
mort, e	dead
• *au point mort*	in neutral ['nju:trəl]
mot	word
moto [abrév. de motocyclette]	motor-cycle ['moutə'saikl]
mou, molle	soft
moucher (se)	to blow one's nose
mouchoir	handkerchief ['hœŋkətʃif]
mouillé / - [sol]	wet / damp
mouiller	to wet; to damp
moustache	moustache [məs'tɑːʃ]
moustiquaire	mosquito curtain; [*U.S.*] net
moutarde	mustard
mouton [animal] / - [viande]	sheep / mutton
moyen [adj., position] / - [qualité]	middle / medium
• *d'âge moyen*	middle-aged ['midl'eidʒd]
• [qualité, niveau] *très moyen*	middling (quality)
moyen [manière, procédé]	a means [*sg.*]; a way
• *Pas moyen!*	Nothing doing!
• *au moyen de...*	by means of...
• *moyen de locomotion*	means of conveyance
mûr / *pas -* / *trop -*	ripe / unripe / overripe

musées :		museums [mju(:)'ziəm]; galleries :	
heures de visite	visiting hours	*sculpture*	sculpture
jours d'ouverture	opening days	*dessin*	drawing
fermeture	closing	*art classique*	classic art
catalogue	catalogue	*— moderne*	modern —
gardien	attendant; custodian	*— abstrait*	non-figurative art
guide [pers.]	guide	*reproduction en couleurs*	colour reproduction
guide [livre]	guide-book	*visite-confé-rence*	lecture-tour
salles	rooms		
exposition	exhibition	*visite guidée*	conducted tour
tableau	picture		
vitrines	show-cases	*— téléguidée*	radio-conducted tour
peinture	painting		

music-hall	variety theatre
myope	short-sighted

nage	swimming
• *être en nage*	to be (bathed) in perspiration
nager	to swim (swam, swum)
• *Savez-vous nager?*	Can you swim?
naissance	birth
• *lieu, date de naissance*	birth-place, birthday
nation	nation ['neiʃən]
nationalité	nationality [næʃə'næliti]
nature	nature ['neitʃə*]
• *de (la) même nature*	of the same nature (*or* kind)
• *payer en nature*	to pay in kind
naturel	natural; innate; unaffected
naturellement / - [bien entendu]	naturally / of course
navré	sorry
né	born
• *Je suis né en 1930.*	I was born in 1930.
• *premier-né*	first-born
nécessaire	necessary ['nesisəri]
• *juste le nécessaire*	what is strictly necessary
• *Faites le nécessaire.*	Do what is required.
• *nécessaire de dépannage*	breakdown outfit (*or* kit)
nécessité	necessity [ni'sesiti]; need
• *se trouver dans la nécessité de...*	to be under the necessity of...
neige / - *fondue*	snow / slush
• *train de neige*	winter sports train
neiger / *il neige*	to snow / it is snowing
net	clean; spotless; neat; tidy
• *une vue nette* [phot.]	clear; sharp
• *mille francs net*	F 1 000 net
nettoyer / *faire -*	to clean / to get sth. cleaned
neuf [adj.] / *état neuf*	new / pratically new
• *Quoi de neuf?*	What news?
nez	nose
ni ...ni	neither ...nor
• *ni l'un ni l'autre*	neither ['naiðə*]
nièce	niece [niːs]
Noël / *arbre de -*	Christmas / - tree
• *le père Noël*	Father Christmas; Santa Claus
nœud [de cravate, etc.]	tie; bow
noir	black
nom [appellation]	name
• *Quel est votre nom?*	What is your name?
• *nom de famille*	surname
• *nom de jeune fille*	maiden name

---

nom [gramm.] :

noun [*gramm.*] :

I. PLURIEL. On ajoute normalement *s*, qui se prononce (ex. : house, houses [hauziz], cat, cats [kæts]). Les noms terminés en *o*, *s*, *x*, *sh* prennent *es* au pluriel (ex. : box, box*es*); *y*, prennent *s* si *y* est précédé d'une voyelle (boy, boy*s*), le pluriel devenant *ies* dans le cas contraire (lady, lad*ies*); *f* ou *fe* : sauf exceptions, ces mots forment leur pluriel en *ves* (ex. : hal*f*, hal*ves*; lea*f*, lea*ves*). Certains mots ont gardé leur pluriel ancien (ex. : *man, men* [hommes]; *woman, women* [femmes]; *foot, feet* [pieds]; *tooth, teeth* (dents).

II. GENRE. Les noms qui désignent un être mâle sont masculins, une femme ou un être femelle féminins, les autres étant neutres. Certains sont masculins ou féminins selon le cas. Ex. : *dancer* (danseur ou danseuse). *Child* et *baby* sont généralement du neutre et *ship* du féminin.

III. FORMATION DU FÉMININ. 1º par une désinence : prince, princes*s*, actor, actre*ss*; 2º par un mot composé (*man*-servant, *maid*-servant); 3º par un mot différent (*brother* = frère, *sister* = sœur; *son* = fils, *daughter* = fille).

IV. CAS POSSESSIF. Au lieu de dire « the book of John », il est plus idiomatique de dire « John'*s* book ». Au pluriel : the traveller*s*' luggage = les bagages *des* voyageurs. S'emploie surtout avec les noms d'êtres animés ou dans des expressions de temps ou de distance comme : a ten miles' distance (une distance *de* dix miles), a week'*s* journey (un voyage *d*'une semaine), ou avec des noms de lieux comme St Paul'*s* (sous-entendu « cathedral »); the baker'*s* (sous-entendu : « shop »), la boulangerie.

nombre	number
• *un grand, un petit nombre de...*	a great, a small number of...
• *sans nombre* / *des ennuis -*	numberless / no end of trouble

nombres :		numbers :	
zéro	zero; 0 [telephone]; love [tennis]	*dix-neuf*	nineteen
		vingt	twenty
		vingt et un	twenty-one
un	one	*vingt-deux*	twenty-two
deux	two	*trente*	thirty
trois	three	*quarante*	forty
quatre	four	*cinquante*	fifty
cinq	five	*soixante*	sixty
six	six	*soixante-dix*	seventy
sept	seven	*soixante et onze*	seventy-one
huit	eight	*quatre-vingts*	eighty
neuf	nine	*quatre-vingt-dix*	ninety
dix	ten		
onze	eleven	*cent*	(one) hundred
douze	twelve	*deux cents*	two hundred
treize	thirteen	*mille*	(one) thousand
quatorze	fourteen	*cent mille*	(one) hundred thousand
quinze	fifteen		
seize	sixteen	*un million*	(one) million
dix-sept	seventeen	*un milliard*	[*G.B.*] milliard;
dix-huit	eighteen		[*U.S.*] billion

65

premier	first	*deux fois*	twice
deuxième, se-cond	second	*premièrement*	first(ly)
		deuxièmement	secondly
troisième	third	*un demi*	half (a)
quatrième	fourth	*tiers*	third
dixième	tenth	*quart*	fourth
centième	hundredth	*double*	double
une fois	once	*triple*	triple

nombreux, nombreuse — numerous; many
- *peu nombreux* — few (in number)
- *une famille nombreuse* — a large family

non / *Mais non!* — no / Oh, no!
- *Je crains que non.* — I am afraid not.

nord — north

normal, e // **normalement** — normal // normally
- *C'est tout à fait normal.* — That's quite normal.
- *Ce n'est pas normal.* — There's something wrong.

nos — our ['auə*]

note [argent] — bill
- *La note, S. V. P.!* — The bill ([*U.S.*] check), please!

note [observation] — note
- *prendre des notes* — to take down notes
- *prendre note de...* — to make a note of...

noter — to note

notre — our

nôtre (le) — ours

nourriture — food [fuːd]
- *la nourriture et le logement* — board and residence

nous [sujet] / - [compl.] /-[réfléchi] — we / us / ourselves
- *Ceci est à nous.* — This is ours.
- *Venez donc chez nous* [pour séjourner]. — Do come and stay with us.

nouveau (ou nouvel), nouvelle — new
- *à nouveau; de nouveau* — again
- *nouveau-né* — new-born child
- *Quoi de nouveau?* — What's new?; What news?

nouveauté — novelty

nouvelle(s) / *une nouvelle* — news / a piece of news
- *demander des nouvelles de qqn* — to ask after s. o.
- *Donnez-moi de vos nouvelles.* — Let me hear from you.

nuage / *sans -* — cloud / cloudless

nuit / *cette -* — night / tonight
- *la nuit dernière* — last night

nul, nulle — no; not any
- *match nul* / *faire -* — a draw / to draw (a game)
- *nulle part* — nowhere

nullement — not at all; in no way

numéro [abréviation : nº] — number [*No*]
- *numéro de journal* — copy; issue

Nylon / bas de -	Nylon ['nailn] / nylons
objet	object
● sans objet	pointless; purposeless, aimless
● l'objet de ma visite	the purpose ['pə:pəs] of my visit
● objets personnels	personal belongings
● objets trouvés [Bureau des]	Lost Property [Office]
obligatoire	compulsory [kəm'pʌlsəri]
obligé [adj.] / - [part. pass.]	obliged / compelled [kəm'peld]
● Je vous suis très obligé de...	I am much obliged to you to...
● Je suis obligé de...	I am compelled to...
obligeance	kindness; obligingness
● Ayez l'obligeance de...	Be so kind as to...
obtenir [un document, etc.]	to obtain
occasion / - [favorable]	occasion / opportunity
● à l'occasion	on occasion
● un livre, une voiture d'occasion	a second-hand book, car
● C'est une occasion.	It's a bargain.
occupé, e [place, etc.]	engaged [in'geidʒ]
● occupée [ligne téléph.]	engaged; [U.S.] busy
● Je suis très occupé.	I am very busy.
occuper	to occupy
● Je m'en occupe.	I am seeing to it.
● Est-ce qu'on s'occupe de vous?	Are you being attented?
océan / - Atlantique	ocean ['ouʃən] / Atlantic -
odeur / une bonne, mauvaise -	smell / a nice, nasty -
œil, [pl.] yeux	eye [ai]
● Veuillez jeter un coup d'œil...	Will you please have a look (at)...
œuf, [pl.] œufs	egg
● œuf au plat	fried egg
● œuf dur	hard boiled egg
offrir	to offer; to present ['preznt] with
olive / huile d'-	olive / - oil
ombre [ombrage, pénombre]	shade
● ombre [silhouette]	shadow
● à l'ombre	in the shade
ombrelle	sunshade
omnibus (train)	slow train
on ...	we; you; they; people [ou la tournure passive]
ondulation / - [cheveux]	undulation / wave
● se faire faire une ondulation	to have one's hair waved
ongles / lime à - / vernis à -	nails / nail-file / nail-polish
opéra / à l'-	opera / at the -
opposé / - à	opposed [ə'pouzd] / facing
● à l'opposé de	opposite
opposer (s') [V. tableau REFUS.]	to oppose
opticien	optician [ɔp'tiʃən]
or	gold
orageux / temps -	stormy / - weather
orange / - pressée	orange / - squash
ordinaire	ordinary

• *d'ordinaire* / *comme -*	usually / as usual
ordre	**order**
• *mettre de l'ordre dans (ses affaires, etc.)*	to put (one's affairs, etc.) in order
• *de premier ordre*	first rate; outstanding
• *donner, exécuter un ordre*	to give, to carry out an order
oreille	**ear**
oreiller	**pillow**
organisation [d'un voyage, etc.]	**preparation; preparing**
organiser	**to organize; to prepare**
orthographe / *faute d'-*	**spelling** / mis-spelling
oser	**to dare (dared, dared)**
• *Oserais-je... (vous demander de...)?*	May I (ask you to...)?
ôter	**to take away; to remove**
ou; ou bien	**or**
où	**where**
• *Par où? Jusqu'où...?*	Which way? How far...?
• *Où allez-vous?*	Where are you going?
• *D'où êtes-vous parti?*	Where did you start from?
• *n'importe où*	anywhere
• *partout où*	wherever
• *le jour où vous êtes parti*	the day when you left
ouate	**cotton-wool**
oublier	**to forget (forgot, forgotten)** [fə′get, fə′gɔt, fə′gɔtn]
• *N'oubliez pas. / - de...*	Remember. / - to...
• *N'ai-je pas oublié mon parapluie, ici?*	Didn' I leave my umbrella behind?
ouest	**west**
oui	**yes**
ourlet / *faire un -*	**hem** / to hem
outil / *boîte à -s*	**tool** / tool-box
outre; en outre	**furthermore**
ouvert, ouverte	**open**
ouverture (heures d')	**business hours**
ouvrable (jour)	**working, work-day**
ouvre-boîtes	**tin** (or **can)-opener**
ouvrir	**to open; to turn on** [the gas]
page [d'un livre, d'un cahier]	**page**
paiement	**payment**
pain / *morceau de -*	**bread** / a piece of -
• *un pain de 2 livres*	a two pound loaf
paire / *une - de...*	**pair** / a - of ...
paix	**peace**
pâle	**pale**
palier / *sur le même -*	**landing** / on the same floor
panne	**breakdown**
• *avoir une panne*	to break down; to have engine trouble
pansement / *- d'urgence*	**bandage; dressing** / first-aid -

pantalon	trousers
pantoufles	slippers
papeterie	stationer's shop
papier	paper
• *papier à lettres*	writing-paper
• *papier à machine*	typing-paper
• *papier buvard*	blotting-paper
• *papier carbone*	carbon-paper
• *papier d'emballage*	wrapping paper

papiers d'identité :

		papers; identity documents :	
passeport	passport	*carte d'identité*	identity card
— collectif	collective certificate	*carte grise*	car licence
— périmé	expired	*permis de séjour*	residence permit
— valable	valid	*triptyque*	triptyque
visa	visa		

permis de conduire	driving licence
permis de conduire international	international driving licence
carnet de passage en douane	customs carnet
carte d'entrée provisoire	temporary entry card
attestation d'assurance internationale (carte verte)	Green Card

(V. aussi tableaux ARGENT, ASSURANCE, BAGAGE, DOUANE.)

paquebot	liner ['lainə*]
Pâques / *à -*	Easter / at -
paquet / *-* [colis]	packet / parcel
• *faire un paquet* [de qqch.]	to tie [sth.] up in a parcel
par	by; through
• *une fois par semaine, par an*	once a week, a year
• *le passage par Calais-Douvres*	the passage via Calais-Dover
• *par où...?*	which way?; through which?
parachute	parachute
paraître	to appear, to look; to seem
• *Il paraît que...*	It seems that...; Apparently...
parapluie	umbrella [ʌm'brelə]
parasol	parasol; sunshade
parc [ville] / *-* [château]	park / grounds
parce que...	because [bi'kɔːz]
parcours	distance; route [ruːt]; journey
pardessus	overcoat; topcoat
Pardon !	Sorry !
• *Pardon?* [pour faire répéter]	Pardon?
• *Je vous demande pardon de...*	I beg your pardon for...
(V. aussi tableau EXCUSES.)	
pardonner	to forgive (forgave, forgiven)
• *Pardonnez-moi.*	Excuse me.
pare-brise	wind-screen; [*U.S.*] windshield
pare-chocs	bumper

parents [père et mère]	**parents**
• *parents* [famille]	relatives
parfait	**perfect**
• *Parfaitement!*	Quite so!
parfois	**sometimes**
parfum	**scent, perfume; flavour**
parfumerie	**perfumery** [pə′fjuːməri]
parisien	**Parisian** [pə′rizjən]
parking [ou **parcage**]	**parking**
parler	**to speak (spoke, spoken)**
• *N'en parlons plus.*	Let us drop the subject.
• *entendre parler de...*	to hear of (*or* about) ...
• *On m'a parlé de...*	I was told of...
parmi	**among; amid**
parole	**speech** [spiːtʃ]; **word**
part [portion]	**share**
• *à part*	apart (from); except (for)
• *d'une part... d'autre part*	on the one hand... on the other hand
• *prendre part à* [conversation]	to join
• *nulle part / quelque part*	nowhere / somewhere
partager	**to share out**
partance pour (en)	**sailing for**
participer à...	**to take part in...**
particulier / *en -*	**particular** / particularly
partie	**part**
• *en partie / en grande partie*	in part / largely
• *faire partie de...*	to belong to...; to be one of...
• *une partie de tennis*	a game of tennis
partir	**to go (went, gone); to leave (left, left)**
• *Le train doit partir à 9 h.*	The train is due to start (*or* leave) at 9.00.
• *à partir de... (demain) 3 heures*	from (tomorrow) after 3 o'clock
partout	**everywhere**
pas [adv.] / *- du tout*	**not** / not at all
pas [distance]	**step**
• *aller au pas* [autom.]	to go at a walking pace
passable [hôtel, etc.]	**acceptable;** [FAM.] **so-so**
passage	**passage; way**
• *passage à niveau*	level crossing; [*U.S.*] grade crossing
• *passage clouté*	pedestrian (*or* zebra) crossing
• *passage souterrain*	subway; [*U.S.*] underpass
passager [bateau, avion]	**passenger** [′pæsindʒə*]
passé / *comme par le -*	**past** / as in - times
passeport	**passport**
(V. aussi tableau PAPIERS D'IDENTITÉ.)	
passer	**to go by; to walk past; to pass**
• *laissez-passer*	permit; pass
• *Le temps passe.*	Time goes by.

• *Je ne fais que passer.* — I just drop (*or* pop) in.
passer (se) — to happen
• *Qu'est-ce qu! se passe?* — What's up?; What's going on?
passerelle / - [d'embarquement] — foot-bridge / gang way
passible de... [droit, taxe, etc.] — subject (or liable) to [*duties, tax, etc.*]

pastille — lozenge ['lɔzindʒ]
pâte [pâtisserie] — dough [dou]
• *pâte dentifrice* — tooth-paste
pâté — pie [pai]
patience // **patienter** — patience // to wait patiently
pâtisserie [gâteaux] / - [boutique] — pastry; cakes / pastry-shop
payé — paid
• *port payé* — carriage ['kæridʒ] free
• *réponse payée* — reply paid; answer prepaid
payement — payment
payer — to pay (paid, paid)
• *payer comptant* — to pay cash
• *payer par chèque* — to settle by cheque
pays — country ['kʌntri]; nation
péage / *autoroute à -* — toll / toll motorway
peau — skin
pêche / *aller à la -* — fishing / to go -
(V. aussi tableau SPORTS.)
pédale — pedal
peigne — comb [koum]
peigner (se) — to comb one's hair
peine [douleur] / - [effort] — pain / trouble
• *à peine / sans peine* — hardly; scarcely / easily (done)
• *se donner la peine de...* — to take the trouble to...
pendant / - *les vacances* — during / - the holidays
• *pendant que...* — while
penser — to think (thought, thought)
• *Faites-moi penser à ...* — Remind me to...
pension [de famille] — boarding-house
pensionnaire — lodger
pente / - *rapide* — slope / steep -
Pentecôte — Whitsun (tide)
perdre — to lose (lost, lost) [luːz, lɔst]
• *perdre son chemin* — to lose one's way
• *perdre son temps* — to waste one's time
• *perdre une occasion* — to miss an opportunity
• *le Bureau des objets perdus* — Lost Property Office
père — father
permanent — permanent
• *spectacle permanent* — non-stop show
permanente [coiffure] — permanent wave; [FAM.] perm
permettre — to allow [ə'lau]
• *Puis-je me permettre de...?* — May I...?
• *Vous permettez?* — Excuse me...
permis *(de conduire)* — (driving) licence

permission	leave; permission [pə′miʃən]
personne / une -	nobody / somebody
personnel // personnellement	personal // personally
personnel de l'hôtel	staff
persuadé	convinced [kən′vinst]
• *J'en suis persuadé.*	I am sure of it.
pesée [des bagages]	weighing [*of luggage*]
peser	to weigh [wei]
• *faire peser* [bagages]	to have [*one's luggage*] weighed
petit, e / trop -; tout -	small; little / too small; tiny
peu / - de	little / little [*sg.*], few [*pl.*]
• *un peu; un petit peu*	a little
• *à peu près / - rien*	nearly / hardly anything
• *peu après*	soon after
peur	fear [′fiə*]
• *J'ai bien peur que non.*	I am afraid not.
• *de peur (que..., de...)*	for fear (that...) lest...
	(+ SHOULD)
peut-être	perhaps; maybe
pharmacie	chemist's (shop) [′kemist′s]
• *Y a-t-il une pharmacie près d'ici?*	Is there a chemist's round about here?

pharmacien :		chemist :	
ordonnance	prescription	*sinapisme*	sinapism
médicament	medicine	*révulsif*	revulsive
cachet	cachet; capsule	*laxatif*	laxative
comprimé	tablet	*diurétique*	diuretic
pilule	pill	*suppositoire*	suppository
sirop	syrup	*antiseptique*	germicide; antiseptic
collyre	eye-wash		
liniment	liniment	*laboratoire*	laboratory
pommade	ointment	*analyse*	analysis
usage externe	external use	*tranquillisant*	tranquilliser

Cette ordonnance sera-t-elle longue à préparer?
Will it take long to prepare this prescription?
(V. aussi tableau MÉDECIN.)

philatélie	philately

phonétique :			phonetics :
Signe.	Mot anglais type.	Son français approchant.	Explications.
[i]	s*i*t	*i*f	Entre *i* et *é* français très brefs.
[iː]	f*ee*l	*í*le	Le son anglais est plus long.

72

TABLEAU DES SIGNES PHONÉTIQUES *(suite)*

Signe.	Mot anglais type.	Son français approchant.	Explications.
[e]	g*e*t	g*ue*tte	Entre *é* et *è* français.
[æ]	c*a*n	c*a*nne	Entre *a* et *è* français brefs.
[ɑː]	*a*sk	p*â*te	Anglais plus long.
[ɔ]	b*o*x	b*o*xe	Entre *o* et *a* français.
[ɔː]	c*a*ll	h*ô*te	Anglais plus long.
[o]	N*o*vember	b*eau*	Entre *o* et *e* français.
[u]	p*u*t	r*ou*te	Anglais plus bref.
[uː]	p*oo*l	c*ou*r	Anglais plus long.
[ə]	child*re*n	j*e*, l*e*	*e* muet français.
[əː]	S*ir*	s*œu*r	*e* plus long, plus ferme (*r* muet !)
[ɛə]	*air*	*air*	Anglais plus ouvert (*r* muet !).
[ai]	sk*y*	c*ai*lle	Prononcer *a-i*, mais *i* à peine perceptible.
[ei]	s*ay*		En anglais, entendre *è-i*.
[ɔi]	b*oy*		*idem* ; on entend *o-i*.
[au]	c*ow*	c*aou*(tchouc)	En anglais *ou* est à peine entendu.
[ou]	n*o*te		*ô* suivi de *ou* à peine perceptible
[iə]	n*ear*		*i* suivi de *e* à peine entendu (*r* muet !)
[ue]	p*oor*		*ou* suivi de *a*
[aiə]	f*ire*	*ai*lleurs	*'lle* moins distinct (*r* muet !)
[w]	*w*et	*ch*ouette	*ou* très bref
[j]	*y*es - *y*ear	cah*i*er - *y*eux	son mouillé
[g]	*g*et	*gu*ette	le son de *gu* (*g* dur)
[ʒ]	plea*s*ure	na*g*eur	*g* doux
[dʒ]	*g*in - *j*ob	*dj*inn	
[r]	*r*un		*r* initial : ébauche d'un *r* roulé (un seul battement !)

Signe.	Mot anglais type.	Son français approchant.	Explications.
[*]	fu*r* - the*re*		*r* final : muet, allonge la syllabe ou se transforme en *e* . muet; * lorsque suivi d'un mot commençant par une voyelle, se prononce en liaison avec celle-ci
[l]	pu*ll*	pou*le*	*l* final sombre; langue relevée
[h]	*h*at		son soufflé, comme dans un soupir
[ks]	a*cc*ess	a*cc*ès	
[gz]	e*x*alt	e*x*alter	
[s]	*s*ea	*s*i	
[z]	*z*ebu - ro*s*e	*z*ébu - ro*s*e -	
[ʃ]	*sh*ip - na*ti*on	*ch*ic	
[tʃ]	*ch*eck	*tch*èque	
[ŋ]	si*ng*		Prononcer *ng* intimement liés, nasalisés.
[θ]	*th*ick		Prononcer *sic* en zézayant.
[ð]	brea*the* - *th*is		*idem* : entre b*r*ize et b*r*ive
[ʌ]	b*u*t	b*œu*f	entre *a* et *œu* français brefs.

Les consonnes *p, t, k, b, f, d, m, n, s, z* correspondent aux sons français équivalents. Toutefois, on remarquera que les sons durs *p, t, k* sont soufflés, comme s'ils étaient suivis d'un *h.*

Accent tonique. Dans la prononciation figurée au moyen de l'alphabet phonétique international tel qu'il est utilisé dans ce Guide rapide anglais, l'accent tonique est marqué par une apostrophe (′) *précédant* la syllabe accentuée. Ex. : traveller [′trævle]. Les mots de plus de trois syllabes sont susceptibles d'avoir un *accent secondaire ;* celui-ci est indiqué par une virgule (,) également antéposée. Ex. : pronunciation [prə,nʌnsi′eiʃn].

phono [FAM.] = électrophone   **phonograph; gramophone**
photo [abrév. de *photographie*]   **a photo** [′foutou] **(graph)**

photographie :		photography :	
appareil	camera	*diapositive*	transparency; [*U.S.*] colour slide
objectif	lens		
viseur	viewfinder		
télémètre	rangefinder	*panchroma-*	panchromatic
téléobjectif	telephoto lens	*tique*	
posemètre	exposure meter	*charger*	to load
obturateur	shutter	*mettre au point*	to focus
diaphragme	iris; diaphragm	*régler le dia-*	to set the stop-opening
pellicule	film	*phragme*	
film rapide	fast film	*régler la vitesse*	to set the speed
— en couleurs	colour film	*déclencher*	to release the shutter
filtre	filter		
bobine	spool	*pose*	time exposure
flash	flash	*instantané*	snapshot
bouton	knob	*sous-exposé*	under-exposed
déclencheur	shutter release	*surexposé*	over-exposed
déclencheur souple	cable release	*voilé*	fogged
		développer	to develop; to process
déclencheur automatique	delayed action timer	*négatif*	negative
pied	tripod	*agrandir*	to enlarge
lentille	lens	*format*	size
parasoleil	lens-hood	*exemplaires*	prints
		demi-pose	bulb

Pouvez-vous...
— faire développer...?
— mettre une bobine neuve?
— faire tirer des épreuves?

Quand seront-elles prêtes?

Can you...
— — have this film developed?
— — put a new film?
— — make prints from this negative?
When will they be ready?

---

phrase
sentence

piano
piano

pick-up [bras] / - [appareil]
pick-up / record-player

pièce [de monnaie]
coin
● *une pièce de (100 francs)* a (100 francs) piece
● *Combien (la) pièce?* [achats] How much each?
● *3 pièces et salle de bain* 3 rooms and bathroom

pied
foot, [*pl.*] **feet**
● *aller à pied* to walk; to go on foot

piéton / *passage pour -s*
pedestrian / - (*or* zebra) **crossing**

pile électrique
battery

piloter [avion] / - [tourisme]
to pilot / to guide

pipe
pipe

pire / *Le -, c'est que...*
worse / The worst is that...

pis / *au pis-aller....*
worse / at the worst...
● *Tant pis!* Never mind!; It can't be helped!

piste [sport] / - [cirque]
track / ring

- *piste d'envol* — runway

place [train, avion, etc.] — **seat**
- *Cette place est-elle libre?* — Is there anyone sitting here?
- *Y a-t-il encore de la place?* [théâtre, train] / - [personne, objet] — Some seats are still available? / There is still room for...?
- *place assise* — sitting accommodation
- *place debout* [théâtre, train] — standing room
- *place libre, occupée* — vacant, occupied seat
- *place réservée* — reserved (seat)

plafond — **ceiling**

plage :		**beach** [biːtʃ] :	
station balnéaire	seaside resort	*nageur*	swimmer
digue	jetty	*maître-nageur*	life-guard
plage de sable	sand beach	*vagues*	waves
— de galets	shingle beach	*ski nautique*	water-ski
rochers	rocks	*chasse sous-marine*	spear-fishing
marée haute	high tide	*palmes*	flippers
— basse	low —	*masque*	mask; goggles
tente	tent	*fusil sous-marin*	spear gun
parasol	beach-umbrella	*appareil de plongée*	aqualung
bain de soleil	sun-bath		
coup de —	sun burn	*canoë*	canoe
huile solaire	sun tan oil	*jeux de plage*	beach-games
costume de bain	swimsuit	*plongeoir*	diving-tower
nager	to swim	*tremplin*	spring-board

plaie — **wound** [wuːnd]
plaindre (se) — **to complain** [kəm'plein]
plainte (déposer une) — **(to lodge a) complaint (about)**
plaire — **to please**
- *Je me plais (bien) ici.* — I like the spot (*or* the house, etc.).
- *Cela m'a beaucoup plu.* — I enjoyed it very much.
- *Quand cela vous plaira.* — When you like (*or* choose).

plaisanter (pour) — **in jest, in sport**
plaisir — **pleasure** ['pleʒə]; **delight** [di'lait]
- *Avec plaisir.* — With pleasure.
- *J'ai le plaisir de...* — I am very glad to...
- *faire plaisir à qqn* — to please s. o.

plaît... / *S'il vous -.* — **please** [pliːz] / If you -.
plan / *- de la ville* — **map; plan** / map of the town
plaque [d'immatriculation] — **number plate**
plat [restaurant] — **dish; course**
- *pneu à plat* — flat tyre ['taiə*]

plein, e (de...) — **full (of...)**
- *faire le plein* [d'essence] — to fill up

pleuvoir [il pleut] — **to rain** [it is raining]
pli [au pantalon, etc.] — **crease** [kriːs]
- *mise en plis* [cheveux] — (hair-) setting

pluie (V. tableau TEMPS.) — **rain**

76

plupart (la)	**the greater** (or **greatest**) **part**
• *la plupart du temps*	most of the time
pluriel / *au -*	**plural** / in the -
plus	**more**
• *Plus de deux ans d'absence.*	Over two years' absence.
• *Le plus possible.*	As much as possible.
• *Ce que j'aime le plus...*	What I like best...
• *de plus en plus froid*	colder and colder
• *de plus en plus beau*	more and more beautiful
plusieurs / *- fois*	**several** / - times
plutôt	**rather**
pneu [abrév. de *pneumatique*]	**tyre** ['taiə*]; [*U.S.*] **tire**
poche	**pocket**
poids	**weight**

poids et mesures :		weights and measures :	
longueur	length	*capacité*	capacity
centimètre [cm]	0.39 inch	*litre*	1.76 pint
décimètre [10 cm]	3.93 inches	*hectolitre* [100 l]	22.01 gallons
mètre [100 cm]	1.09 yard	*poids*	weight
kilomètre [1 000 m]	0.621 mile	*gramme*	5.432 grains
surface	surface	*kilogramme* [1 000 g]	2.204 pounds
mètre carré [m²]	1.196 sq yds	*livre* [1/2 kg]	1.102 pounds
are [100 m²]	119.6 sq yds	*volume*	cubic measures
hectare [100 ares]	2.47 acres	*mètre cube* [m³]	1.308 yd

poignée [de main] / [contenu]	**handshake** / **handful**
point [couture]	**stitch**
• *mettre au point* / - [moteur]	to put the finishing touch / to tune
• *point de vue*	point of view
• *point mort* / *au -*	neutral / in -

pointures :			sizes :			
Chemises — Shirts						
fr.	37	38	39	40	41	42	43
angl.	14,1/2	15	15,1/2	15,3/4	16	16,1/2	17
Vêtements de dames — Ladies' clothes						
fr.	40	42	44	46	48	50
angl.	34	36	38	40	42	44
Chapeaux — Hats						
fr.	54	55	56	57	58	59
angl.	6,3/8	6,3/4	6,7/8	7	7,1/8	7,1/4
Chaussures — Shoes						
fr.	37	38	39	40	41	42	43
angl.	4	5	6	7	8	9	10
Bas — Stockings						
fr.	0	1	2	3	4	5
angl.	8	8,1/3	9	9,1/2	10	10,1/2

poisson	fish
poli	civil; polite
police (agent de)	policeman
• *police de la route*	road police
• *police-secours (appeler)*	to dial 999; to call emergency [i'mɔːdʒənsi]
poliment	politely
pomme	apple
• *pomme de terre*	potato
• *pommes chips*	potato crisps
pompe à essence	petrol pump; [*U.S.*] gas pump
pompiste	pump assistant
ponctuel // ponctuellement	punctual // punctually
pont	bridge
• *sur le pont* [bateau]	on the deck
• *pont arrière* [autom.]	back axle; rear axle
porc (côte de)	pork-chop; spare-rib
port de mer / - [bassin]	sea-port / harbour
• *franc de port*	carriage free
• *port dû*	carriage forward
• *port payé*	carriage free (*or* paid)
porte	door [dɔː]
porte-documents	brief-case ['briːf-'keis]
porte-monnaie	purse
portefeuille	wallet; [*U.S.*] note-case
portemanteau [patère] / - [cintre]	coat-stand; hat-peg / coat-hanger
porter [habit] / - [transporter]	to wear / to carry
• *Comment vous portez-vous?*	How are you?
Porteur !	Porter !
portier	door-keeper
portion	share
porto	port
poser	to lay (laid, laid)
• *Où peut-on poser ces...?*	Where can we put these...?
• *poser une question*	to ask a question
position	position, place
• *feux de position* [autom.]	parking-lights
possible	possible
• *aussitôt que possible*	as soon as possible
• *si possible...*	if possible; if you can...
postal, e / *carte postale*	postal / postcard
poste [*m.*]	post
• *poste d'essence*	petrol-station; [*U.S.*] gas-station
• *poste de secours*	first-aid station
• *poste 104* [tél.]	extension 104
poste(s) [*f.*]	post
• *bureau de poste*	post-office
• *mettre à la poste*	to post; [*U.S.*] to mail
• *poste restante*	« poste restante »
(V. aussi tableau CORRESPONDANCE.)	
potage	soup [suːp]

poteau [indicateur]	**sign-post** ['sain-'poust]
pouce [unité de mesure]	**inch** [= *2,54 cm*]
poudre / *- de riz, etc.*	**powder** / face -
• *chocolat en poudre*	powdered chocolate
poudrier	**compact**
poulet	**chicken**
pour	**for** [+ *noun* or *pron.*]; **to** [+ *verb.*]
pourquoi?	**why?**
• *C'est pourquoi...*	That is why...
• *Pourquoi pas?*	Why not?
pourtant	**yet; however**
pourvu que	**provided that**
« **Poussez** » [écrit sur une porte]	« **Push** »
pouvoir [v., pouvoir physique, intellectuel]	**can (could); to be able**
pouvoir [v., possibilité; éventualité]	**may (might)**
• *Pouvez-vous? Pourriez-vous?*	Can you? Could you?
• *Cela peut arriver.*	It may happen.
• *Vous auriez pu...*	You might (*or* could) have...
pratique [adj.] / *C'est -.*	**handy** / It's very -.
• *pratique* [habitude] / *Je manque de pratique.*	practice / I lack practice.
précédent [adj.]	**previous; foregoing; earlier**
précisément	**precisely** [pri'saisli]
précision(s)	**precision; accuracy** ['ækjurəsi]
préférer	**to prefer**
• *Que préférez-vous?*	What do you like best?
• *Je préfère(rais)...*	I had rather...
premier, première	**first**
• *du premier coup*	at the first go
• *première vitesse* [autom.]	low (*or* first) gear
prendre	**to take (took, taken)**
• *à tout prendre*	on the whole
• *Combien prenez-vous?* [prix]	How much do you charge?
• *prendre garde*	to take care
• *prendre l'air*	to take a breath of fresh air
• *prendre soin*	to take care
prénom	**(Christian) name**
préparer	**to prepare; to get ready**

---

prépositions :   **prepositions :**

Principales prépositions :
at (à); *to* (vers); *of* (de); *from* (de); *out of* (hors de); *in* (dans); *into* (dans, changement de lieu ou transformation); *on, upon* (sur); *over* (par-dessus); *above* (au-dessus); *by* (par); *for* (pour); *without* (sans); *towards* (vers); *about* (autour, environ).
— Le verbe qui suit une préposition se met à la forme en *ing* : *on* enter*ing* = en entrant; *without* speak*ing* = sans parler. La préposition peut se rejeter en fin de proposition. Ex. : the man (whom) I spoke *to* = l'homme à qui j'ai parlé.

près — near; close [klous] to
- *tout près* — close by; quite near
- *à peu près* — nearly; almost
- *de près* — closely; at a close distance
présent (à) — now; at present
- *jusqu'à présent / dès à présent* — so far / from now on
présentations (faire les) — to introduce people to one another

présenter — to introduce
- *Je vous présente M. Martin.* — May I introduce Mr. Martin.
- *Permettez-moi de me présenter.* — Allow me to introduce myself.
presque — almost; nearly
pressé [personne] / - [message] — in a hurry / urgent
- *Je suis pressé.* — I am in a hurry.
presser [fruit, etc.] — to press; to squeeze
- *presser* [pousser qqn] — to urge [əːdʒ]
pression [pneus, etc.] — pressure ['preʃə]
prêt / être - — ready / to be -
preuve / - [marque] — proof; evidence / token ['toukən]
prévenir [une action] / - de... — to forestall [fɔːʹstɔːl] / to warn
prier — to pray
- *Je vous prie de...* — I beg...
- *(Puis-je...?) — Je vous en prie.* — (May I?) — Please do!
principal [adj.] — main; chief
- *C'est le principal.* — That's what counts.
priorité [à droite ou à gauche] — yield right of way
prise — grasp; hold
- *prise de courant* [électr.] — point
- *prise de vue* [phot.] — shooting
prix — price
- *liste des prix* — price list
- *hors de prix* — at an exhorbitant price
- *dans mes prix* — within my prices
- *à prix réduit* — at cut-price
- *prix unique (magasin à)* — one price store
probablement — probably
prochain, e — next
- *l'année prochaine* — next year
- *le prochain départ* — the next departure
- *A la prochaine fois!* — See you next time!
proche — near; close [klous]
- *le plus proche arrêt* — the nearest stop
procurer — to procure [prəʹkjuə*]; to get
- *Où pourrais-je me procurer...?* — Where could I get?
produit / - de beauté — product / cosmetics
profession — calling; trade; profession
profiter de... — to take advantage of...
projet — project; plan
prolongation / - [validité, billet] — prolongation / extension
prolonger; faire prolonger [billet] — to extend
promenade [à pied] / - [en auto] — walk / drive

80

promenade en ville :		sightseeing :	
visite de la ville	visit of the town	*vitrine*	showcase
monuments	monuments	*se promener à pied*	to walk, to take a walk
site classé	protected site (National Trust)	*en voiture*	to drive
		flâner	to saunter, to stroll
curiosités	sights	*accompagner*	to accompagny
heures de visite	visiting hours	*faire un tour*	to go for a stroll
fermeture	closing		

promesse   **promise** ['prɔmis]; **pledge**
promettre   **to promise** ['prɔmis]

pronoms [gramm.] :   **pronouns** [*gramm.*] :

I. PRONOMS PERSONNELS ADJ. POSS. PRONOMS POSS. PRON. RÉFL.

Sujets.	Compléments.			
1. *I*	*me*	*my*	*mine*	*myself*
2. *You*	*you*	*your*	*yours*	*yourself*
3. *He*	*him*	*his*	*his*	*himself*
She	*her*	*her*	*hers*	*herself*
It	*it*	*its*	*its own*	*itself*
1. *We*	*us*	*our*	*ours*	*ourselves*
2. *You*	*you*	*your*	*yours*	*yourselves*
3. *They*	*them*	*their*	*theirs*	*themselves*

II. PRONOMS RÉCIPROQUES : *each other* ou *one another*. Ex. : They love *each other* = Ils s'aiment.

III. ADJECTIFS ET PRONOMS DÉMONSTRATIFS :

this (ce ... ci; ceci)   *these* (ceux- ... ci; ceux-ci)
that (ce ... là; cela)   *those* (ceux- ... là; ceux-là)

IV. PRONOMS RELATIFS :

	Sujet.	Complément.
pour les personnes	*who*	*whom*
pour les choses	*which*	*which*
pour les deux	*that*	*that*

— Traduction de *ce qui, ce que* :
ce qui ou *ce que* [= la chose *qui* ou *que*...] annonce ce qui suit = *what*. Ex. : I know *what* I say = Je sais *ce que* je dis ;
ce qui ou *ce que* [= et cela] résume ce qui précède = *which*. Ex. : I saw him, *which* surprises you = Je l'ai vu, *ce qui* vous surprend.
— *Celui qui* ou *que* :
Personnes : *the man who, whom*. Ex. : *celui que* vous avez vu = *the man* (ou *the boy*) *whom* you saw.
Choses : *the one, which*.
— *Dont* : par *whose* lorsqu'il y a un rapport de possession. Ex. : the man *whose* house I have rented = l'homme *dont* j'ai loué la maison. (*Whose* est toujours suivi du nom de la chose possédée, sans article.)

81

Dans les autres cas, il convient d'analyser « dont ». Ex. : l'homme dont je parle [= de qui...] = the man *of whom* I am speaking.
— *On :* par le passif ou par *we, you, they* selon le cas; par *one* lorsqu'il a une valeur générale et anonyme.
En et *y* doivent s'analyser, et se traduisent de différentes façons selon qu'ils sont pronoms ou adverbes. Ex. : J'*en* parlais = I was speaking *of it ;* j'*en* viens = I come *from there ;* j'*y* songe = I think *of it.*

prononcer   **pronounce**

prononciation :   **pronunciation :**

I. PRONONCIATION : Signes phonétiques, v. le tableau PHONÉTIQUE.

II. LETTRES MUETTES.

    k, lorsqu'il est suivi de *n : k*now, *k*nife [nou, naif];
    u, après *g : gu*ard [gɑːd], guardian ['gɑːdjən];
    w, dans answer ['ænsə].

III. SONS DIFFICILES.

    n, suivi de *g*, se prononce en liant étroitement *ng*, c'est un son nasal, ex. : bing.
    sh se prononce comme le *ch* français.
    La syllabe finale *tion* se prononce *cheunn* [ʃən]. (V. tableau PHONÉTIQUE.)
    Le *th* se prononce « z » en zézayant, la langue étant légèrement coincée entre les incisives supérieures et inférieures; on appuie la langue plus ou moins fort selon qu'on prononce le *th* dur de *thick* [θik] ou doux de *breathe* [briːð].
    Le son *u* de *but* [bʌt] se situe entre le son *a* de « batte » et *œu* de « bœuf ». Il est plus exact de prononcer « batte » que « beutt ».

IV. ACCENT TONIQUE.

    Il n'est pas possible de déterminer sa place avec certitude; il y a peu de règles générales et les exceptions sont nombreuses. Remarquons toutefois que certaines terminaisons finales ont tendance à fixer l'accent d'une façon plus régulière. Ainsi, l'accent tombe sur la syllabe précédant les terminaisons *ator, ic, ical, ion, ional, ish, grapher, graphy.* Donc, *photographer* [fə'tɔgrəfə], photographe; mais *a photograph* ['foutəgraːf], une photographie. Noter également que les pronoms réfléchis (*myself,* etc.) sont accentués sur la dernière syllabe [mai'self].
    Prononciation de certaines voyelles. Cas de ′V + C + V (une seule voyelle *accentuée,* suivie d'une seule consonne, suivie d'une autre voyelle) : la voyelle accentuée a généralement le son long ou diphtongué (*a :* ei, *e :* iː, *i :* ai, *o :* ou, *u :* juː, *y :* ai). S'il y a plus d'une consonne ou pas de seconde voyelle, la voyelle (accentuée) a le son bref (*a :* æ, *e :* e, *i :* i, *o :* ɔ, *u :* u ou ʌ, *y :* i). Ex. : *lake* [leik], *lack* [læk], *mat* [mæt]; *meter* [iː], *melt* [e], *met* [e]; *life* [ai], *lift* [i], *lit* [i] (mais exception : *to live*

propos (à)	by the way
proposer	to propose
proposition	proposition; suggestion
propre [adj.]	clean [kliːn]; neat [niːt]
propre [à soi]	own [oun]
proprement	cleanly ['kliːnli]
• *proprement dit*	properly so called; proper
propriété / - *privée*	property / private -
protester	to protest
provenance / *en - de...*	origin / from...
provisions / - ⌊nourriture⌋	supplies [sə'plaiz] / food
puis / *Et - ?*	then / Well -?
puisque	since
puissance	power; force
pyjama	pyjamas [pə'dʒɑːməz]
quai [fleuve] / - [port] / - [gare]	embankment / quay [kiː]; wharf; pier / platform
• *Accès aux quais.*	To the trains.
• *ticket de quai*	platform ticket
qualité	quality ['kwɔliti]
• *de bonne / de première qualité*	good quality / first rate, choice
quand	when
• *Depuis quand êtes-vous là?*	How long have you been here?
• *Jusqu'à quand restez-vous?*	How long are you going to stay?
• *Quand bien même...*	Even if...
• *Quand même!*	All the same; even so!
quantité / *Quelle -?*	quantity, amount / How much?
quart (V. aussi TEMPS.)	quarter ['kwɔːtə*]
quartier / *dans le -*	district; quarter / in this -
« que... »	that
• *Celui que vous voudrez.*	The one you like.
• *Ce que je préfère.*	What I like best.
• *Que c'est... (beau, etc.)!*	How (beautiful, etc.) it is!
quel, quelle / - [lequel?]	what / which
• *Quel jour (préférez-vous)?*	What day (do you prefer)?
• *A quel prix?*	At what price?
• *Quelle joie!*	O joy!
quelconque / - [n'importe lequel]	ordinary / any; whatever
quelque... [affirm.] / - [nég. et interr.]	some / any

83

• *quelque chose de*	something
• *quelque part*	somewhere; anywhere
quelquefois	**sometimes**
quelques	**a few / some**
quelqu'un	**somebody ; anybody**
• *Y a-t-il quelqu'un (ici) qui...?*	Is there anybody here...?
querelle // quereller (se)	**quarrel** ['kwɔrəl] **// to -**
question	**question**
• *poser une question*	to ask a question
• *De quoi est-il question?*	What is it all about?
questionnaire	**questionary**
queue (faire la)	**to queue** [kjuː] **up**
qui [sujet] **/ -** [complément]	**who, that, which / whom, that, which**
• *celui à qui vous parliez*	the man you were talking to
• *A qui est ceci?*	Whose [huːz] is this?
quinze / - *jours*	**fifteen / a fortnight**
quittance	**receipt** [ri'siːt]
quitter [partir] **/ -** [enlever]	**to leave / to take off**
• *Je dois vous quitter.*	I must leave you now.
• *Ne quittez pas!* [téléph.]	Hold on!
quoi	**what**
• *A quoi ça (ou cela) sert?*	What's the use of this?
• *Il n'y a pas de quoi!*	Don't mention it!
• *de quoi... manger*	something (*or* anything) to eat
• *En quoi est-ce?*	What is it made of?
• *En quoi puis-je vous aider?*	How can I help you?
• *quoi qu'il arrive...*	whatever may happen...; happen what may...
• *quoi qu'il en soit...*	however that may be...
quoique, quoiqu'...	**though; although** [ðou, ɔːl'ðou]
quotidien [adj.] **/** *un -*	**daily / a daily**
rabais	**reduction** [ri'dʌkʃən]; **allowance**
• *faire un rabais*	to make an allowance
raccommoder	**to mend; to repair**
raccompagner	**to see home; to accompany**
raccourci	**short-cut;** [*U.S.*] **cutoff**
raccrocher [l'appareil]	**to hang up** [receiver]; **to ring off**
radiateur [autom., hôtel]	**radiator** ['reidieitə*]
• *radiateur électrique*	(electric) heater
radio / - *de bord*	**wireless; radio / car wireless set**
radiodiffusion	**broadcasting**
rafraîchir [cheveux]	**to trim**
• *rafraîchir son anglais*	to brush up one's English
• *Le temps se rafraîchit.*	It's getting cooler.
rafraîchissement(s)	**cool drinks**
raisin / *jus de -*	**grapes / grape-juice**
raison / *Vous avez -.*	**reason / You are right.**
ralentir	**to slacken; to slow down**
rapide (train)	**express** (*or* **fast**) **train**
rappeler	**to call again**

- *Je me rappelle.* — I remember.
- *Rappelez-moi plus tard.* [Tél.] — Ring me back later.
- *Rappelez-moi votre nom, S.V.P.* — Do you mind repeating your name?

rapport / - [compte rendu] — **relation** / **report** [ri'pɔːt]
- *être en rapport avec...* — to be in touch with s. o.
rare // **rarement** — **rare; unusual** // **seldom**
raser; se - — **to shave**
rasoir / - *électrique* — **razor** / electric razor
réalité (en) — **as a matter of fact; actually**
récent [événement] // **récemment** — **recent** // **recently**
récepteur [tél.] — **receiver** [ri'siːvə]
réception [hôtel] — **reception desk**
receveur [autobus, etc.] — **conductor** [kən'dʌktə*]
recevoir / - [des hôtes] — **to receive** / **to entertain** [guests]
- *être reçu chez...* — to be admitted...
- *recevoir une lettre* — to receive a letter

réclamations : — **claims; complaints :**
Allô! passez-moi la direction. — Hullo! give me the management.
Ici la chambre 235. — Room 235.
Le lit n'est pas bon. — The bed is uncomfortable.
Le radiateur chauffe à peine. — The radiator is hardly heating at all.
La douche ne fonctionne pas. — The shower is not working.
Mes voisins font du bruit. — The people in the next room are noisy.
Personne ne vient quand je sonne. — Nobody comes when I ring.
On n'a pas ciré mes souliers. — My shoes haven't been cleaned.
Préparez ma note, S.V.P. — Please, have my bill made out.
Vérifiez, je crois qu'il y a une erreur. — Will you check it please, I think there is a mistake.

réclamer à... — **to claim from...**
- *réclamer de l'argent* — to claim back one's money
- *réclamer du secours* — to beg for help
recommander — **to recommend**
- *Je vous recommande de....* — I strongly advise you to...
- *lettre recommandée* — registered letter
reçu (un) — **receipt**
réduction [de prix] / *faire une -* — **reduction** / to make a -
réellement — **actually; really**
réfléchir — **to think; to reflect**
- *Je réfléchirai.* — I shall think it over.

refus : — **refusal :**

Non, merci.	No, thank you.	*Je proteste.*	I protest.
Sans façons.	I am not just being polite.	*Je refuse.*	I refuse.
		En aucun cas.	By no means.
Impossible.	Impossible.	*N'y comptez pas.*	Don't count on it.
Je regrette.	I am sorry.		

regarder	to look at; to watch
Regardez!	Look!
règle	rule
• *en règle générale*	as a rule
• *se mettre en règle / - avec...*	to put oneself right / - with...
régler [ses affaires]	to put in order
• *régler l'addition, la note*	to pay, to settle
• *régler l'allumage, le moteur*	to time, to tune
regretter	to regret
• *Je regrette beaucoup...*	I am very sorry that...
régulier	regular
réjouir (se)	to rejoice
• *Je me réjouis de...*	I am glad of (*or* that)...
relâche (faire) [navire] / - [théâtre]	to put in at / to close
relevé [de compte]	statement
religion (V. tableau ÉGLISE.)	religion [ri'lidʒən]
remarquer / *faire -*	to notice / to point out
remboursement (envoi contre)	cash on delivery (C.O.D.)
rembourser (se faire)	to get one's money back
remède	remedy ['remidi]

remerciements :	expressions of thanks :
Merci, merci beaucoup.	Thank you, thank you very much.
Je vous suis très obligé.	I'm very much obliged to you.
Je vous suis très reconnaissant.	I'm very grateful to you.
Vous êtes trop aimable.	You are very kind.
C'est très gentil à vous.	That's very nice of you.
Merci de votre charmant accueil.	Thank you for your kind welcome.

remettre	to put back; to replace
• *remettre à plus tard*	to put off; to postpone
• *remettre qqch à quelqu'un*	to hand over sth. to s. o.
remorque [autom.]	trailer
• *prendre en remorque*	to take in tow [tou]
• *remorque-caravane*	caravan
remorquer [une voiture] / - [une caravane]	to trail / to tow
remplir	to fill
• *remplir un formulaire*	to fill in (*or* up) a form
rencontrer (se) [personne]	to meet (met, met)
• *rencontrer* [véhicules]	to collide [kə'laid]

rendez-vous :	appointment :
fixer un rendez-vous à quelqu'un	to give someone an appointment
Où? Quand puis-je vous voir?	Where? When can I see you?
Lieu et heure du rendez-vous?	Place and time of appointment?
Entendu, j'en prends note.	All right, I'll make a note of it.
Quand pouvons-nous nous revoir?	When can we see each other again?

Quand vous voudrez.	Whenever you wish.
Être à l'heure.	To be punctual, to arrive in time.
Être en avance, en retard.	To be early, late.
Bonjour! Comment allez-vous?	Good morning (afternoon)! How are you?
Enchanté de faire votre connaissance.	How do you do? (*); pleased to meet you.
Je vous présente M. X.	Let me introduce you Mr. X.
Au revoir, à bientôt j'espère.	Good bye! I hope we'll meet again.

(*) Formule habituelle dans les présentations. Cette fausse question n'appelle pas de réponse, les deux personnes présentées se la renvoyant mutuellement. Elle correspond, dans une telle situation, à notre « Enchanté... ». Il serait comique d'y répondre.

renoncer	**to give up**
renouveler	**to renew**

renseignement demandé :	**enquiry** [in'kwaiəri] :
Comment vous appelez-vous?	What is your name?
Quel âge avez-vous?	How old are you?
Depuis quand êtes-vous en France?	How long have you been in France?
A quel hôtel êtes-vous descendu?	At which hotel are you staying?
Où est la rue du Commerce?	Where is the "rue du Commerce"?
A quelle heure le rapide pour Lyon?	What time is the express for Lyons?
Avez-vous préparé ma note?	Have you made out the bill?
M'avez-vous demandé un taxi?	Have you called a taxi?
Combien dois-je pour la course?	What is the fare?
L'avion a-t-il beaucoup de retard?	Is the plane very late (*or* : overdue)?

rentrer	**to go (*or* come) back; to return**
• *rentrer dans ses frais*	to get back one's outlay
• *rentrer se coucher*	to go home to bed
réparation(s) [autom.]	**repairs**
réparer	**to repair** [ri'pɛə*]; **to mend**
• *Pourriez-vous me réparer cela?*	Could you repair this?
repas / *- froid*	**meal** / cold snack
repasser [linge, pantalon]	**to iron**
répéter	**to repeat**
répondre	**to answer** ['ɑːnsə*]; **to reply**
réponse (en) à...	**in reply** [ri'plai] **to...**
repos // reposer (se)	**rest // to take a -**
reproche / *faire des -s*	**reproach** / to reproach [ri'proutʃ]
• *Un seul reproche...*	There is only one criticism...
réservé, e	**reserved; guarded; cautious**
• *(place) réservée*	reserved (seat)
• *réservé au service*	staff only

réserver une place [train, avion, etc.] / - [théâtre, etc.] — to book; to reserve / to book

respect(s) — respect(s)
responsabilité — responsibility
responsable de... [accidents, etc.] — liable ['laiəbl] for...

restaurant :

		restaurant :	
menu	menu	buffet (de gare)	refreshment room
— à prix fixe	set menu; table d'hôte meal	maître d'hôtel	head-waiter
— à la carte	à la carte meal	garçon	waiter
— gastronomique	restaurant serving French specialities	serveuse	waitress
		sommelier	wine-waiter
		carte des vins	wine-list
plat du jour	today's special	addition	bill; [U.S.] check
rôtisserie	grill-room		
brasserie	beer-house; pub	couvert	cover charge
libre-service	self-service	service compris	service charge included
snack-bar	snack-bar		
auberge	inn	pourboire	tip

(V. aussi tableaux BOISSONS, CAFÉ, MENU.)

reste, de reste — rest, remainder
rester — to remain; to stay; to live [liv]
• Il me reste (environ) 10 F. — I must have (about)... 100 F left.
retard / être en - — delay [di'lei] / to be late
retarder [v. tr.] / - [montre] — to postpone / to put back
• retarder [v. i., montre] — to be slow
• J'ai retardé mon voyage. — I have put off my journey.
retirer [ses bagages] — to take out; [U.S.] to check out
retour — return [ri'tə:n]; return journey
• billet d'aller et retour — return ticket
• au retour — on the way back
• de retour / Je serai bientôt -. — back / I'll be soon -.
réveil [pendulette de voyage] — alarm-clock
réveiller — to wake up (woke, waked ou woken)
revenir — to come back; to return
revoir (au) — good-bye; [FAM.] bye-bye; cheerio
rez-de-chaussée — ground-floor
rhume / attraper un - — cold / to catch a -
rien — nothing
• Ça ne sert à rien. — It's quite useless.
• Ce n'est rien. — No harm done.
rire [v. i.] — to laugh [lɑ:f]
rire [n.] — laugh; laughter
risque — risk
• assurance tous risques — all-inclusive policy
• à vos risques (et périls) — at your own risk
riz — rice
robe — dress; frock; gown [gaun]
• robe de chambre — dressing-gown
robinet — tap
roman — novel

88

rose [fleur] / - [couleur]	**rose** / **pink**
rôti	**roast**
roue [autom.]	**wheel**
• *roue avant* / - *arrière*	front wheel / back -
• *roue de secours*	spare wheel
rouge	**red**
route	**road**
ruban	**ribbon; band**
• *ruban adhésif*	adhesive [əd'hiːsiv] tape
• *ruban de machine (à écrire)*	ribbon
• *ruban de magnétophone*	magnetic tape
rue	**street**
sac [à main] / - [à dos]	**hand-bag** / **rucksack**
sain / - *et sauf*	**healthy** / **safe and sound; unhurt**
saison	**season**
salle d'attente	**waiting-room**
salle de bains	**bathroom**
salon [maison] / - [hôtel]	**drawing-room** / **lounge**

salutations :		greetings :	
Bonjour!	Good morning!	*Comment allez-vous?*	How do you do?
Bonsoir!	Good evening *or* afternoon!	*Tous mes vœux!*	My best wishes!
Bonne nuit!	Good night!	*Félicitations!*	Congratulations!
A bientôt!	So long!		
Au revoir!	Good-bye; cheerio!	*Joyeux Noël!*	Merry Christmas!
Joyeux anniversaire!	Happy birthday to you!	*Bonne année!*	Happy new year!
Enchanté de vous connaître.	Pleased to meet you (*).		

* Toutefois, dans les présentations, l'habitude en Grande-Bretagne est de dire : *How do you do?*, fausse question qui n'appelle pas de réponse.

sans / - *attendre*	**without** [wi'ðaut] / - delay
• *sans cesse*	ceaseless(ly)
• *sans doute*	probably; doubtless
• *sans faute*	without fail
• *sans argent*	penniless

santé :		health [helθ] :	
malaise	discomfort	*contagion*	contagion
indisposition	indisposition	*vaccin*	vaccine
maladie	illness; disease	*épidémie*	epidemic
convalescence	convalescence	*appétit*	appetite
rechute	relapse	*indigestion*	indigestion
guérison [pers.]	recovery	*crise de foie*	liver attack
- [maladie]	cure	*intoxication*	(food)-poisoning
- [blessure]	healing	*désintoxication*	detoxication
infection	infection	*insomnie*	sleeplessness

hypnotique	sleeping-pills	*dentiste*	dentist
tranquillisant	tranquilliser	*quarantaine*	quarantine
mal de dents	toothache		
aller bien; se porter mal		to be well; to be ill	
être en bonne, en mauvaise santé		to be in good, in bad health	

(V. aussi tableaux CORPS HUMAIN, MALADIES, MÉDECIN, PHARMACIEN.)

satisfait / *être -*	**satisfied; pleased** / to be -
sauf	**except** [ik'sept]; **save**
• *sauf imprévu*	barring accidents
savoir	**to know (knew, known)** [nou, njuː, noun]
• *Je n'en sais rien.*	I know nothing about it.
• *Si j'avais su...*	If only I had known...
• *savoir-vivre*	good-manners
savon de toilette, à barbe	**toilet-soap; shaving-soap**
scooter	**scooter**
second, seconde	**second** ['sekənd]
secours / *Au -!*	**help; assistance** / Help!
• *Poste de secours.*	Dressing station; first-aid station.
• *Sortie de secours.*	Emergency exit.

séjour (à l'étranger) :		**stay (abroad) :**	
saison	season	*hôtel*	hotel
ouverture	opening	*villa*	villa
fermeture	closing	*casino*	casino
estivant	holiday-maker	*hivernant*	winter resident
aller en villégiature		to go on holiday	
station balnéaire		seaside resort	
station climatique		health resort	
station thermale		spa	
station de sports d'hiver		winter sports resort	
syndicat d'initiative		local tourist publicity agency	
agence de location		house-agent [*person*]	

Retenez vos chambres à l'hôtel ou louez une villa avant l'ouverture
Book your hotel rooms or hire a villa before the opening
   de la saison.
   of the season.

séjourner	**to stay**
sel	**salt** [sɔːlt]
semaine	**week**
• *la semaine dernière, prochaine*	last week, next week
• *dans une semaine*	in a week's time
sembler	**to seem; to look**
• *Il (me) semble* / *- que...*	It seems (to me) / — that...
sens / *- [signification]*	**direction; way** / **sense**
• *Ça n'a pas de sens.*	It means nothing.
• *sens giratoire*	round about
• *sens interdit*	no thoroughfare
• *sens inverse (en)*	in the opposite direction
• *sens unique*	one-way street

sentir [toucher]	**to feel (felt, felt)**
• *sentir* [odorat]	to smell (smelt, smelt)
• *Je sens que...*	I feel that...
service	**service** ['sɜːvis]
• *rendre un service*	to do s. o. a favour
• *libre-service*	self-service
• *Service compris?*	Service included?
• *Service non compris.*	Service extra.
serviette [de table]	**napkin**
• *serviette* [de toilette]	towel
servir	**to serve; to help**
• *A quoi ça sert ?*	What's the use of...?
• *Servez-vous de...*	Help yourself with...
seul [isolé] / - [unique]	**alone / only**
seulement	**only**
sexe	**sex**
« **si...** » [condition, hypothèse]	**if**
• *si* [doute, alternative]	whether
• *Je ne sais s'il viendra.*	I don't know whether he will come.
signal d'alarme	**alarm (signal)**
signaler / - [une faute]	**to point out / to notify** ['noutifai]
• *Je tiens à vous signaler que...*	I want you to know that...
signature // **signer**	**signature // to sign**
signifier	**to mean (meant, meant)**
simple	**simple; plain**
sinon	**otherwise** ['ʌðəwaiz]; **or else**
situation [emploi]	**job; position**
• *situation* [circonstances]	situation [sitju'eiʃən]
situé / *bien* -	**situated** ['sitjueitid] / **well -**
ski (V. aussi tableau SPORTS.)	**ski**
sœur	**sister**
soie	**silk**
soif / *J'ai* -.	**thirst** [θɜːst] / I am thirsty.
soin	**care**
• *prenez soin de...*	take care of...
• *recevoir des soins* [accidents]	to be given first-aid
• *aux bons soins de...* [= chez..., sur l'enveloppe]	care of [*abbrev. c/o*]

soins de beauté :		beauty treatment :	
épilation	depilation	*pulvérisation*	spraying
crayon gras	eyebrow pencil	*fard*	paint
lime à ongles	nail-file	*fond de teint*	make-up foundation
polissoir	nail-polisher		
pierre ponce	pumice-stone	*crème de beauté*	beauty-cream
vernis à ongles	nail-polish		
dissolvant	varnish-remover	*poudre de riz*	face powder
		rouge à lèvres	lipstick
poudrier	powder-case	*parfum*	perfume

| *vaporisateur* | spray; [*U.S.*] atomizer | *massage facial* | face massage |
| | | *masque* | mask |

(V. aussi tableau TOILETTE ET BEAUTÉ.)

soir	**evening** ['i:vniŋ]
• *ce soir	A -.*	tonight / See you -.
• *demain soir	hier soir*	tomorrow night / last night
solde [reste]	**balance**
solder	**to sell off; to clear**
soldes [ventes]	**(clearance) sales**
soleil	**sun**
sombre / - [ciel]	**dark; overcast**
somme [d'argent] / - [de l'addition]	**sum / amount**
sommeil / *avoir -*	**sleep** / to feel sleepy
sonner [domestique, etc.]	**to ring; to call**
sonnette [hôtel] / - *d'alarme* [train]	**bell** / - alarm (signal)
sorte	**kind; sort**
sortie	**way out; exit**
sortir	**to go** (or come) **out**
• *Monsieur X est sorti.*	Mr. X is out.
soucier (se)	**to care for**
souffrant / *être -*	**unwell** / to be -
souhaiter // **désirer**	**to wish** // **to desire; to wish for...**
• *Je vous souhaite... (bonne route).*	I wish you... (a pleasant journey).
soulier	**shoe**
soupe	**soup**
souple / - [col]	**flexible; supple; soft**
sous	**under; below**
• *sous-vêtements*	underwear
soutien-gorge	**bra; brassière**
souvenir [n.] / - [objet]	**memory / souvenir**
souvenir (se) de...	**to remember; to recall** [ri'kɔːl]
souvent	**often;** [*U.S.*] **oftentimes**
spécial	**special** ['speʃəl]
spécialement / - *pour vous*	**specially** / - for you
spécialité / - [pharmacie]	**speciality; patent medecine**

spectacles :		**entertainments :**	
billet	ticket	*applaudir*	to clap; to applaud
place (une bonne)	(a good) seat		
faire la queue	to queue up	*jumelles*	opera-glasses
location	booking	*rideau*	curtain
réserver	to book; to reserve	*relâche*	no performance
		décors	decor; scene set; scenery [*sg.*]
Complet!	All booked up!		
matinée, soirée	afternoon, evening performance	*costumes*	dresses; costumes
		programme	program(me)

92

ouvreuse	usherette	*vestiaire*	cloak-room; [*U.S.*] check-room
pourboire	tip		
fauteuil	seat	*festival*	festival
orchestre	orchestra	*scène*	stage
fauteuils d'orchestre	stalls	*opéra*	opera
		opéra-comique	comic opera
loge	box	*opérette*	musical comedy
— *de face*	front-box		
— *de côté*	side-box	*tragédie*	tragedy
strapontin	folding-seat; [*U.S.*] jump seat	*comédie*	comedy
		vaudeville	vaudeville
		music-hall	variety theatre
acteur, actrice	actor, actress		
metteur en scène	director	*documentaire*	documentary film
dialogues	dialogues	*film en couleurs*	colour film
écran	screen	*sous-titres*	sub-caption
vedette	star	*doublage*	dubbing
ciné-club	cine-club; film-society	*dessin animé*	animated cartoon

Voulez-vous me réserver deux places, de face si possible, pas trop
Will you, please, reserve two seats, two front seats if available,
sur le côté.
not too far on the side.

sports
sports

sports (les) :		games and sports :	
I. GÉNÉRALITÉS — GENERALITIES			
sportif, sportive	sporting	*arbitre*	referee; umpire [cricket]
entraînement	training		
club	club	*match*	match
terrain	sports ground	*gagner*	to win
stade	stadium	*perdre*	to lose
II. CHASSE — GAME-SHOOTING			
chasser [au fusil]	to shoot	*lièvre*	hare
— [à courre]	to hunt	*faisan*	pheasant
fusil	shot-gun	*canard*	duck
cartouche	cartridge	*perdreau*	partridge
garde-chasse	game keeper	*chevreuil*	buck
battue	beat	*chien d'arrêt*	pointer, setter
bois	wood	*plaine*	plain
gibier	game	*couvert*	covert
III. PÊCHE — FISHING, ANGLING			
pêcheur	fisherman; angler	*pêcher à la ligne*	to fish; to angle
poisson	fish	*gaule*	rod

ligne [fil]	line	leurre	lure
flotteur	float	pêche au lancer	casting
plomb	sinker	— à la mouche	fly-fishing
ferrer	to strike	épuisette	landing-net
hameçon	hook	touche	bite
appât	bait	mordre	to bite

IV. TENNIS — LAWN-TENNIS

court	(tennis)-court	coup droit	forehand-drive
— de gazon	grass-court	revers	back-hand
— en terre bat-	hard court		(stroke)
tue		service	service
filet	net	volée	volley
balle	ball	simple	single(s)
raquette	racket	double	double(s)
joueur	player	mixte	mixed doubles
partenaire	partner	jeu	game
adversaire	opponent	set	set

Je cherche un partenaire pour faire une partie de simple en 3 sets.
I am looking for a partner to play a single in three sets.
A vous de servir : ne faites pas de double faute.
Your service : no double faults this time.

V. YACHTING — YACHTING

port	harbour	cabine	cabin
club nautique	yachting club	ancre	anchor
embarcadère	landing-stage	embarquer	to embark; to
bateau	boat		board
yacht	yacht	débarquer	to disembark;
coque	hull		to land
mât	mast	naviguer	to sail
voile	sail	— vent arrière	— before the
foc	jib		wind
bôme	boom	— vent debout	— head wind
écoute	sheet	— au plus près	— close-hauled
quille	keel	grand largue	quartering
dérive	central board		wind
barre	helm	virer de bord	to tack
gouvernail	rudder	équipier	partner
régate	regatta	barreur	helmsman
pont	deck	croisière	cruise
cock-pit	cock-pit	course-croisière	cruise-race

VI. SPORTS D'HIVER — WINTER SPORTS

train de neige	winter sports	moufles	mittens
	train	fart	wax
faire du ski	to ski	neige	snow
skieur, skieuse	skier	patinage	skating
paire de skis	a pair of skis	patinoire	skating-rink
bâton	stick	patins	skates
fuseaux	tapering trou-	luge	sleigh, sledge
	sers	piste	run

descente	downhill run	*funiculaire*	funicular
slalom	slalom	*téléphérique*	cable-railway
remonte-pente	chair-lift	*farter*	to wax
cours de ski	skiing-school	*fixation*	clamp
téléski	ski-lift		

VII. AUTRES SPORTS — OTHER SPORTS AND GAMES

athlétisme	athletics	*golf*	golf
aviron	rowing	*handball*	handball
boules	bowling	*hockey*	hockey
boxe	boxing	*judo*	judo
course d'autos	motor race	*natation*	swimming
cricket	cricket	*rugby*	rugby; rugger
cyclisme	cycling	*volley-ball*	volley-ball
escrime	fencing	*équitation*	riding
football	football; soc-cer [*fam.*]	*arbitre*	referee [*foot-ball*]; umpire [*cricket*]

VIII. ALPINISME — CLIMBING

ascension	ascent	*mousqueton*	snap-link
escalade	climbing	*montagne*	mountain; hill
varappe	rock-climbing	*pic*	peak
sac à dos	rucksack	*aiguille*	needle
piolet	ice-axe	*glacier*	glacier
crampons	crampons; irons	*névé*	firn; névé
piton	piton	*s'encorder*	to rope one another
crevasse	crevasse	*refuge*	shelter
corniche	cornice	*descente en rap-pel*	roping-down
cordée	roped party	*attacher*	to fasten
corde	rope		

(V. aussi tableaux CAMPING, CARAVANING, PLAGE.)

stationnement	**waiting**
• *Stationnement autorisé.*	Parking.
• *Stationnement interdit.*	No waiting.
stylo / - *à bille*	**fountain-pen** / ball-point pen
sucre / *morceau de -*	**sugar** / lump of -
sud	**south**
suffire	**to be enough** (or **sufficient**)
• *Cela me suffira, merci.*	That will do, thank you.
suffisant	**sufficient** [sə′fiʃənt]; **enough**
suite	**continuation**
suivant	**following** [′fɔlouin]; **next**
• *le train suivant*	the next train
suivre	**to follow**
sujet / - [de conversation]	**subject** / **topic**
• *à ce sujet...*	concerning this...
• *au sujet de... / C'est -.*	about... / It's -.
supposer	**to suppose; to assume** [ə′sjuːm]
• *à supposer que...*	supposing that...

sur
- *Je n'ai pas mes clefs sur moi.*

on
I haven't got my keys with me.

sûr
- *J'en suis sûr; bien sûr.*

sure; reliable
I'm sure (of it); of course.

surpris [étonné]
- *surpris* [pris sur le fait]

surprised [sə'praɪzd]
caught

surprise

surprise

surtout

above all; particularly [pə'tikju-ləli]; **especially**

---

tabac :		tobacco :	
bureau de tabac	tobacconist's	*pipe*	pipe
paquet de cigarettes	packet of cigarettes	*fumer*	to smoke
blague	pouch	*fumeurs*	smoking; smoker
cigare	cigar	*non-fumeurs*	non-smoking; non-smoker
cigarillo	small cigar		
paquet de tabac	a packet (*or* a box) of tobacco	*allumette*	match
		briquet	lighter

La fumée vous incommode-t-elle?
Do you mind if I smoke?
Avez-vous du feu, s'il vous plaît?
Have you got a light, please?

---

table / *A -!*

table / Dinner is served!

tableau [départ des trains, etc.]
- *tableau de bord* [autom.]

time-table; indicator
dashboard; fa(s)cia ['fæʃiə]

taille / *Pour quelle -?*

size / What -?

tailleur [artisan] / - [costume]

tailor / suit

taire (se)

to be silent; to fall silent ['saɪlənt]

Taisez-vous!

Be quiet ['kwaɪət]!

tant

so much [mʌtʃ] [*sing.*]; **so many** [*plur.*]

- *Tant mieux!*
- *Tant pis!*

So much the better!
So much the worse!; Never mind!

tard
- *au plus tard*

late
at the latest

tarif

tariff; price-list; rate

tasse

cup

taxe(s)

tax(es)

---

taxi :		taxi(-cab); [*U.S.*] cab :	
station	cab-stand, cab-rank	*tarif de nuit*	night rate
chauffeur	(taxi-) driver	*pourboire*	tip
course	journey	*charger un client*	to pick up a fare
compteur	meter		

Combien vous dois-je pour la course?
What is the fare? How much is it (on the clock)?

| télégramme | | telegram | |
| télégraphier | | to telegraph; to wire | |

téléphone :

cabine	call-box
numéro	number
jeton	token
récepteur	receiver
écouteur	ear-piece
standardiste	operator
urgent	urgent
annuaire	directory
décrocher	to lift the receiver

telephone :

raccrocher	to hang up; to wring off
Demandeur, parlez!	Speak, caller.
Allo!	Hello! (or hullo!)
le central	the exchange
L'interurbain, S.V.P.!	Trunk-call, please!

une communication avec préavis	a person to person call
demander un numéro	to ask for a number
faire le numéro	to dial
poste 305	extension 305 (three-o-five)
Je vous entends très mal!	I can't hardly hear you!
Qui est à l'appareil?	Who's speaking?
Ne coupez pas!	Don't cut off!
De la part de qui?	Who from?
Ne quittez pas.	Hold on (the line).
La ligne est occupée.	The line is engaged [*U.S.*, busy].
Cela ne répond pas!	There is no reply!
Je ne peux pas obtenir la communication.	I can't get through.
Je rappellerai tout à l'heure.	I'll ring up later on.
Les renseignements, S.V.P.	Enquiries, please.

tellement
- *tellement mieux*

température [fièvre, etc.]
- *prendre sa température*

so; to such an extent
so much better

temperature ['tempritʃe*]
to take one's temperature

temps :   **weather** ['weðə*]; **time :**

I. LE TEMPS QU'IL FAIT — THE WEATHER

il fait chaud, très chaud	it is warm, hot
— froid	— cold
— beau	— fine (weather)
— mauvais	— bad weather; the weather is bad
il pleut	it is raining
il neige	it is snowing
il gèle	it is freezing
Quel mauvais temps!	What wretched weather!
Il fait du soleil.	It is sunny.
La chaleur est accablante.	The weather is sultry.
Il y a beaucoup de vent.	It is very windy.

97

II. TEMPS [QUI S'ÉCOULE] — TIME

une heure [60 minutes]	an hour
minute	minute
heure [60 mn] / - [au cadran]	hour / o'clock
jour ; journée	day
semaine	week
mois	month
an ; année	year
siècle	century
Venez dans cinq minutes.	Come in five minutes.
Quel jour le bateau part-il?	What day does the boat leave (*or* sail)?; when is the next sailing?
Le lundi de la semaine prochaine.	Next week, on Monday.

(V. aussi tableaux HEURES, JOURS DE LA SEMAINE, MOIS DE L'ANNÉE.)

tenir	**to hold (held, held)**
• *Y tenez-vous vraiment?*	Do you really want it?
• *Je n'y tiens pas (beaucoup).*	I don't care for it.
• *tenir sa droite, sa gauche*	to keep to the right, left
tennis (V. aussi tableau SPORTS.)	**tennis**
terminer	**to finish; to conclude**
terminus	**terminus; terminal**
terre	**earth**
thé / *prendre le -*	**tea** [ti:] / to have -
• *salon de thé*	tea-room
ticket	**ticket**
timbre (-poste)	**stamp**
• *un timbre à 1 1/2 d, à 2 1/2 d*	a three-halfpenny ['heipəni] stamp, a twopenny-halfpenny ['tʌpni'heipni] stamp
tirer un chèque	**to make out a cheque**
tissu	**material** [mə'tiəriəl]
toilette / **-s**	**washing and dressing** / **rest-room**

toilette et beauté : — **dressing and beauty :**

coiffeur	barber; hair-dresser	*maquillage*	make-up
		démaquillant	cleansing cream
manucure	manicure		
pédicure	chiropodist	*bronzage*	tan
masseur	masseur	*régime*	diet
esthéticienne	beautician	*relaxation*	relaxation

institut de beauté	beauty parlour
faire un brin de toilette	to have a wash and brush up

(V. aussi tableaux BAINS-DOUCHES, COIFFEUR, SOINS DE BEAUTÉ.)

tomber	**to fall (fell, fallen)**
tort	**harm; injury; detriment**
• *avoir tort* / *à tort*	to be wrong / wrongly
totalement	**totally; entirely**
toujours	**always** ['ɔːlwəz]

tourisme :		tourism :	
syndicat d'initiative		local tourist publicity agency	
Office national du tourisme		National Office of tourism	
consulat		consulate	

touriste	tourist; visitor	*itinéraire*	itinerary
vacances	holidays	*billet circulaire*	round trip
voyage d'agré-	trip		ticket
ment		*guide*	guide
voyage organi-	conducted	*guide* [livre]	guide-book
sé	tour	*interprète*	interpreter
un voyage à for-	an inclusive	*agent de*	travel agent
fait	trip	*voyages*	

(V. aussi tableaux MUSÉES, PHOTOGRAPHIE, PROMENADE.)

touriste	**visitor; tourist; holiday-maker**
tourner / - *à gauche* / - *à droite*	**to turn** / - to the left, right
tous	**all; every** [+ *verb in sing.*]
tout	**all; everything**
• *tout de suite*	right now, at once
• *tout le monde*	everybody
• *tout le temps*	all the time
traduction	**translation**
traduire	**to translate (into)**

train :		train [railway] :	
guichet	booking-office	*supplément*	excess; supple-
billet	ticket		ment
aller et retour	return ticket	*consigne*	cloak-room
bagages	luggage; [U.S.]	*salle d'attente*	waiting-room
	baggage	*buffet*	refreshment
enregistrement	registration		room; buffet
chef de gare	station-master	*panier-repas*	lunch-basket
porteur	porter; [U.S.]	*quai*	platform
	redcap	*billet de quai*	platform-ticket
portière	door	*couchette*	berth; [U.S.]
couloir	corridor		roomette
compartiment	compartment	*lit*	bed
place	seat	*contrôleur*	ticket-collector
place réservée	reserved seat	*filet*	rack
banquette	seat	*glace*	window
		toilette	lavatory
voie ferrée	railway line;	*voiture-lit*	sleeping-car;
	track		[U.S.] sleeper
réseau	network; [U.S.]	*voiture-restau-*	dining-car;
	system	rant	[U.S.] diner
grandes lignes	main lines	*automotrice*	rail-car
banlieue	suburb	*(diesel)*	
rapide	fast train	*funiculaire*	funicular
direct	through train	*passage à niveau*	level-crossing;
express	express train		[U.S.] grade-
omnibus	slow train		crossing
voiture	carriage; coach;	*tunnel*	tunnel
	[U.S.] car	*viaduc*	viaduct

Donnez-moi un billet Paris-Londres, deuxième classe, dans le train
(Give me a) second class single ticket (from Paris) to London on
de nuit, S.V.P.
the night train, please.

Où puis-je faire enregistrer ma malle?
Where can I register my trunk?
J'ai retenu la place n° 4 dans le compartiment n° 6.
I've reserved (the) seat n° 4 in (the) compartment n° 6.
Quand installe-t-on les couchettes?
When are they going to make up the berths?
La voiture-restaurant est-elle en tête ou en queue du train?
Is the dining-car up in the front or at the back of the train?

tramway — tramcar; [*U.S.*] **streetcar**

tranquille — quiet [ˈkwaiət]

• *Laissez-moi tranquille.* — Leave me alone.

travail — work

traverser [mer] / - [rue] — to cross / to walk across

très — very

tricot / *vêtements en -* — jumper; jersey / knitwear

tromper / *se -* — to deceive [diˈsiːv] / to be mistaken

• *Je me suis trompé de chemin, de porte, de jour.* — I took the wrong way, I went to the wrong door, I came on the wrong day.

trop — too; too much

trottoir — pavement; [*U.S.*] sidewalk

trouver — to find (found, found)

tu [inusité en anglais] — you

ultérieurement — later

un [numéral] / - [article] — one / a, an

• *Donnez-m'en - un. / - un seul.* — Give me - one. / - one only.

unité — unity

(Unités de mesures, v. tableau POIDS ET MESURES — WEIGHT AND MEASURES.)

usage (bon, mauvais, courant) — (good, bad, common) use [juːs]

utile — useful [ˈjuːsful]

vacances / *- d'été* / *en vacances* — holidays / summer - / on holiday

valise — (suit-)case [ˈ(sjuːt)keis]

valoir — to be worth [wəːθ]

• *Il vaut mieux que...* — It is better to...

• *Combien vaut...?* — How much is it worth?

valve [pneu] — (tyre-)valve [ˈtaiəvælv]

veilleuse / *- [chauffe-eau]* — night-light / pilot-light

vendeur / **vendeuse** — shop-assistant / salesgirl

venir — to come (came, come)

• *Je viens de Paris.* — I am coming from Paris.

• *Je ne fais qu'aller et venir.* — I shall come straight back.

vent / *Il fait du -.* — wind / It is windy.

---

verbe [*gramm.*] :   **verb** [*gramm.*] :
Pour former temps et modes, la conjugaison anglaise utilise le plus souvent des auxiliaires.

I. AUXILIAIRES DE CONJUGAISON.

DO : sert à conjuguer interrogativement, négativement et interrogativement.
Présent : *do* (ttes personnes, sauf 3e du sing. qui est *does*) ; prétérit : *did* (ttes pers.).

BE = **être** sert à former la voie passive et la forme progressive.
Présent : I am, you are, he is; we, you, they are. Prétérit : I was, you were, he was; we, you, they were. Part. prés. : being. Part. passé : been. Inf. : to be.

HAVE = **avoir** sert à former les temps composés (v. tableau CONJUGAISONS).
Présent : I have, you have, he has; we, you, they have. Prétérit : had (ttes personnes). Part. prés. : having. Part. passé : had. Infinitif : to have.

II. AUXILIAIRES DITS « DÉFECTIFS ».

Ainsi appelés parce que la plupart des temps leur font défaut, les temps manquants étant remplacés par des équivalents. Ils ne prennent jamais d'*s* à la troisième pers. du sing. du présent de l'indicatif, ne sont jamais précédés de *do, does, did*, ni d'aucun autre auxiliaire. Le verbe qui les suit est à l'infinitif sans *to ;* ils ne peuvent avoir de compléments d'objet sans l'intervention de l'aux. *have*. Ex. : I must have a dictionary = Il me faut un dictionnaire. Leur prétérit peut avoir un sens conditionnel.

SHALL et **WILL** auxiliaires du futur ; **SHOULD** et **WOULD** aux. du conditionnel. **MAY** (présent), **MIGHT** (prétérit ou cond.) ont le sens de (*a*) permission ou (*b*) probabilité. Ex. : *a*) *May* I leave now? *Puis*-je partir maintenant? Yes, you *may*, ou : No, you *may* not. *b*) It *may* rain this afternoon : *Il se peut* qu'il pleuve cet après-midi. Équivalents : *a*) *to be allowed; b*) futur | perhaps, ou bien le présent, le contexte lui donnant la valeur d'un futur.

CAN (présent), **COULD** (prét. ou cond.) = **pouvoir**. Sens : pouvoir physique ou intellectuel. Ex. : I *can* swim = je *peux*, je *sais* nager; he *cannot* read : il *ne sait pas* lire. Equivalent : *to be able*.

MUST (présent) = **falloir, devoir** (obligation impérieuse) ou **grande probabilité**. I *must* go now : *Il faut* que je parte maintenant. He *must* be ill : Il *doit être* malade.

SHOULD ou **OUGHT** (to) valent pour le passé, le présent ou le futur. Sens : **devoir** (moins fort que *must*), conseil donné ou demandé. Ex. : You *should* take this train = Vous *devriez* prendre ce train. *Ought* (seul défectif à être suivi de l'infinitif complet) a un sens plus fort.

NEED (présent) = **avoir besoin; DARE** (présent, passé, futur) = **oser**. Ces deux verbes, qui sont aussi des verbes normaux, ne sont défectifs que négativement et interrogativement.

USED (to) [prétérit uniquement] indique une habitude révolue, dans un passé relativement lointain. Ex. : That 's where I *used* to live = C'est là que *j'habitais autrefois*. (Correspond à l'imparfait.)

Les temps composés du passé se construisent au moyen de l'infinitif passé. Ex. : J'aurais pu le voir = I could *have seen* him; il a dû rater son train = he must *have missed* his train.

Le verbe **TO LET** = **laisser, permettre** est utilisé comme auxiliaire de l'impératif (v. tableau).

III. FORME PROGRESSIVE : to be + ...ing. Ex. : I *am* read*ing* = je lis (je suis en train de lire). Forme propre à l'anglais, elle indique qu'une action se déroule au moment où l'on parle. Au prétérit, correspond à notre imparfait : I *was* reading = je *lisais*.

IV. VOIX PASSIVE : to be +... part. passé, comme en français. Ex. : The glass is broken = Le verre est brisé. Correspond souvent à notre tournure avec ON. Ex. : We are told = On nous dit. Les verbes intransitifs, en anglais, peuvent aussi se conjuguer au passif. Ex. : You *will be well looked* after = On veillera bien sur vous. Elle peut également se combiner avec la forme progressive. Ex. : A house was being built = On construisait une maison.

V. FORME D'INSISTANCE. Propre à l'anglais, elle consiste à prononcer plus fortement l'auxiliaire, s'il y en a un. Ex. : I **am** listening = **mais si**, j'écoute; we **must** go now = il faut **absolument** que nous partions maintenant — ou bien à utiliser *do, does, did* devant le verbe s'il n'y a pas d'auxiliaire : I **do** hope = j'espère **bien; we did** see him = **si, en effet**, nous l'avons vu.

VI. FORME RÉFLÉCHIE. Se conjugue au moyen des pronoms réfléchis. Ex. : I see *myself* in a mirror. Ne s'emploie que lorsque le sujet exerce l'action volontairement ou consciemment sur lui-même. Ex. : He killed *himself* = Il s'est tué *(suicidé)* ; mais : il s'est tué accidentellement = he was killed.

VII. FORME RÉCIPROQUE. Se conjugue au moyen des pronoms *each other* ou *one another*. Ex. : They love each other = Ils s'aiment.

VIII. FORME FRÉQUENTATIVE. Propre à l'anglais. Au passé, *used to* indique une habitude révolue : I *used to go* to this school = *j'allais* à cette école, et correspond à l'*imparfait* français. L'auxiliaire *would* indique une répétition quelquefois volontaire ou obstinée : he *would* stop here everyday = *il s'arrêtait toujours ici tous les jours.*

IX. CONJUGAISON NÉGATIVE. Pour conjuguer négativement, placer la négation *not* après l'auxiliaire. Ex. : I am *not* working; I have *not* seen him; we shall *not* go; we could *not* stay; you must *not* do that; you should *not* tell him; you need *not* worry; he is *not* pleased. S'il n'y a pas d'auxiliaire (cas du présent et du prétérit de l'indicatif à la forme simple), on fait précéder le verbe de l'auxiliaire *do, does, did*. Ex. : I *do not* know him, I *did not* like it, he *does not* come today. Dans la langue parlée, *not* est contracté et devient *n't*. Ex. : I do*n't* think so = je ne le pense pas. L'impératif se conjugue négativement en plaçant *don't* devant toutes les personnes. Ex. : *Don't* let me go, *don't* go, *don't* let him go, etc.

X. CONJUGAISON INTERROGATIVE. Se forme en plaçant le sujet après le premier auxiliaire, c'est-à-dire en appliquant la formule A + S + V (A = aux., S = sujet, V = verbe). Ex. : Are you coming? Will you go? Should we tell him? Même utilisation de *do, does, did* aux formes simples du présent et du prétérit. Fx. : *Did* you know it? *Does* he speak English?

XI. Conjugaison interro-négative. Appliquer la formule A + *n't* + S + V (forme orale). Ex. : Is*n't* it beautiful? Don*'t* you think so ? Is*n't* he coming right now? Cette construction correspond à notre *n'est-ce pas?* (V. lexique.)

CONJUGAISON D'UN VERBE ORDINAIRE
to open (ouvrir)

Présent	*Prétérit*	*Futur*	*Cond. présent*
I open	I opened	I shall open	I should open
you open	you opened	you will open	you would open
he opens	he opened	he will open	he would open
we open	we opened	we shall open	we should open
you open	you opened	you will open	you would open
they open	they opened	they will open	they would open

"Present perfect"	*"Pluperfect"*	*Futur antérieur*	*Cond. passé*
I have opened	I had opened	I, we shall have opened	I, we should have opened
you have open-ed	you had opened	you, he, they will have opened	you, he, they would have opened
he has opened, etc.	he had opened, etc.		

Impératif	
let me open	*Participe présent et gérondif :* opening
open	*Participe passé :* opened
let him open	*Infinitif présent :* to open
let us open	*Infinitif passé :* have opened
open	
let them open	

QUELQUES VERBES IRRÉGULIERS PARMI LES PLUS USUELS

[On trouve successivement : l'infinitif (*to* sous-entendu), le prétérit, le participe passé, le sens.]

awake	awoke	awaked	éveiller	*fly*	flew	flown	voler
be	was	been	être	*forbid*	forbade	forbidden	défendre
become	became	become	devenir	*forget*	forgot	forgotten	oublier
begin	began	begun	commencer	*freeze*	froze	frozen	geler
bleed	bled	bled	saigner	*get*	got	got	obtenir
blow	blew	blown	souffler	*give*	gave	given	donner
break	broke	broken	briser	*go*	went	gone	aller
bring	brought	brought	apporter	*hang*	hung	hung	suspendre
buy	bought	bought	acheter	*have*	had	had	avoir
choose	chose	chosen	choisir	*hear*	heard	heard	entendre
come	came	come	venir	*hold*	held	held	tenir
cost	cost	cost	coûter	*hurt*	hurt	hurt	blesser
cut	cut	cut	couper	*keep*	kept	kept	garder
do	did	done	faire	*know*	knew	known	connaître
drink	drank	drunk	boire	*lay*	laid	laid	poser
drive	drove	driven	conduire	*lead*	led	led	conduire
eat	ate	eaten	manger	*lean*	leant*	leant*	se pencher
fall	fell	fallen	tomber	*learn*	learnt	learnt*	apprendre
feel	felt	felt	sentir	*leave*	left	left	laisser
find	found	found	trouver	*lend*	lent	lent	prêter

103

let	let	let	laisser	sleep	slept	slept	dormir
lie	lay	lain	être couché	smell	smelt*	smelt*	sentir
light	lit*	lit*	allumer	speak	spoke	spoken	parler
lose	lost	lost	perdre	spell	spelt	spelt	épeler
make	made	made	faire	spend	spent	spent	dépenser
mean	meant	meant	signifier	spread	spread	spread	étendre
meet	met	met	rencontrer	stand	stood	stood	être debout
pay	paid	paid	payer	steal	stole	stolen	dérober
put	put	put	mettre	stick	stuck	stuck	coller
read	read	read	lire	strike	struck	struck	frapper
ring	rang	rung	sonner	sweep	swept	swept	balayer
rise	rose	risen	se lever	swim	swam	swum	nager
run	ran	run	courir	take	took	taken	prendre
say	said	said	dire	teach	taught	taught	enseigner
see	saw	seen	voir	tear	tore	torn	déchirer
sell	sold	sold	vendre	tell	told	told	dire
send	sent	sent	envoyer	think	thought	thought	penser
set	set	set	placer	throw	threw	thrown	jeter
shake	shook	shaken	secouer	under-			
shine	shone	shone	briller	stand	-stood	-stood	comprendre
shoot	shot	shot	tirer (fusil)	wear	wore	worn	porter (vê-tement)
show	showed	shown	montrer				
shut	shut	shut	fermer	win	won	won	gagner
sing	sang	sung	chanter	write	wrote	written	écrire
sit	sat	sat	être assis				

* également régulier

verre [matière et récipient]	glass
vers / - midi	towards; to / about 12 o'clock
vert / feu -	green / - light

vêtement(s) :	garment(s); [pl.] clothes [klɔːðz] :

I. COSTUME MASCULIN — MEN'S CLOTHES

pardessus	overcoat; top-coat	veston	jacket
		veste de sport	sports jacket
imperméable	raincoat; waterproof	pantalon	trousers
		gilet	waistcoat; [U. S.] vest
complet	suit		
smoking	dinner-jacket; [U.S.] tuxedo	short	shorts
		tailleur	tailor
habit	evening dress	chapelier	hatter

II. COSTUME FÉMININ — WOMEN'S CLOTHES

manteau	coat; mantle	blouse	blouse
fourrure	fur	chemisier	shirt-blouse
tailleur	suit	tricot	pull-over
deux-pièces	two-piece suit	maillot de bain	swimsuit
robe	dress	couturier	Ladies' tailor
robe du soir	evening dress (or gown)	couturière	dressmaker
		modiste	milliner
jupe	skirt		

III. DIVERS — MISCELLANEOUS

chaussures	shoes	pantoufles	slippers
souliers	boots	ceinture	belt
bottes	high boots		

bretelles	braces; [U.S.] suspenders	*casquette*	cap
		béret	beret
bas de Nylon	Nylon stockings	*foulard*	silk scarf, neckerchief
chaussettes	socks	*sac à main*	hand-bag
cravate	(neck-) tie	*parapluie*	umbrella
gants	gloves	*chandail*	sweater
chapeau	hat	*pull-over*	pull-over

IV. CHEZ LE TAILLEUR — AT THE TAILOR'S

Je désire un costume de confection, un costume sur mesure.	I want a ready-made suit, a tailor-made suit.
Le ton : gris, bleu ou marron?	The shade : grey, blue or brown?
Uni, rayé, chiné? En flanelle?	Plain, striped or speckled? Some flannel?
Le veston : croisé ou droit?	The jacket : single-breasted or double-breasted?
Prenons vos mesures.	I'll take your measurements.
Je vous demanderai X francs d'arrhes.	I'll ask you to leave X francs as deposit.

V. CHEZ LA COUTURIÈRE — AT THE DRESSMAKER'S

Je viens pour un essayage.
I've called to have a fitting.
Cette robe ne va pas bien, il faut la rectifier.
This dress does not fit me well, it must be altered.
Il y a trop d'ampleur à la taille. Raccourcissez l'ourlet.
It's too big at the waist. Let down the hem.
Les pinces de la poitrine ne sont pas à leur place.
The darts at the bust-line are not in the right place.
Quelque chose ne va pas dans la pose des manches; l'emmanchure
There's something wrong with the way the sleeves are mounted; it's
me gêne.
too tight under the arms.
J'aimerais le décolleté plus grand.
I'd like a deeper neckline.

vêtir (se)	to dress
viande (V. aussi MENU.)	meat
ville / *en* -	town / in -; [U.S.] downtown
vin / *- blanc* / *- rouge*	wine / white - / red -
vinaigre	vinegar ['vinigə*]
virage /*- serré, en épingle à cheveux*	bend; corner / sharp curve, hairpin bend
• *prendre un virage*	to take a corner
vis / *serrer, resserrer une* -	screw / to screw in, to tighten
visa	visa
visage	face
vis-à-vis	opposite ['ɔpəzit]

visite :	visit :
faire une visite ; rendre visite à...	to call on
visiteur, visiteuse	visitor
hôte, hôtesse	host, hostess
prendre le thé avec...	to go to tea with, to have tea with...
saluer quelqu'un	to greet somebody
se présenter à...	to introduce oneself to...
présentations / faire les -	introductions / to introduce people
poignée de main (donner une)	to shake someone's hand, someone by the hand
envoyer, recevoir une invitation	to send, to receive an invitation
invité, e	guest
inviter au restaurant, chez soi, à un cocktail	to invite someone to lunch or dine at the restaurant, at ones home, to drinks (cocktails)
inviter quelqu'un à déjeuner, à dîner	to invite someone to lunch or dine
invitation à dîner en tenue de ville, en smoking	a dinner invitation (lounge-suit, dinner-jacket)
invitation à dîner en robe d'après-midi, en robe du soir	a dinner invitation (tea-gown, evening dress)
aller à une réception	to go to a party

- *faire une petite visite* — to look in on s. o.
- *heures de visite* [médecin, etc.] — visiting hours
- *visite des bagages* [douane] — examination

visiter / - [un musée] — **to visit / to go round**

vitesse / *en -* — **speed** / quickly
- 1re, 2e *vitesse* — first (*or* low) gear; second gear
- *à toute vitesse* — at top speed

vitre — **window pane**

vitrine — **shop-window**

vivre — **to live**
- *Je vis à Paris.* — I am living (*or* I live) in Paris.

voici / *me -* / *vous -* — **here is** / here I am / here you are

voilà — **there is, are; that's...**

voile (V. tableau SPORTS.) — **sail**

voir — **to see (saw, seen)** [siː, sɔː, siːn]
- *Nous verrons (bien) !* — We shall see!

voiture (V. aussi AUTOMOBILE.) — **car**

vol / - *à voile* — **flight** [flait] / gliding

voler [un objet] / - [une personne] — **to steal / to rob**

volontiers — **willingly**

vouloir — **to want** [wɔnt]; **to wish**
- « *veuillez...* » — "please..."

vous [sujet et complément] :   **you :**

You (sujet et complément) est la seule forme d'adresse, en anglais, à toute personne, connue ou inconnue, intime ou non. Il n'y a pas de tutoiement familier en anglais. L'ancien tutoiement *thou, thee* n'existe plus que dans les prières et en poésie.

- *vous* [réfléchi, sing. et plur.]   yourself [*sing.*], yourselves [*plur.*]
- *à vous / pour vous / chez vous*   up to you / for you / in your place
- *Vous autres, Anglais...*   You, English people...

voyage :		travel :	
tourisme	tourism	*voyage organisé*	group tour
itinéraire	route	*agence de*	travel agency
horaire	time-table	*voyages*	
guide [livre]	guide-book	*location*	booking; re-
guide [pers.]	guide		servation
bagages	luggage; [*U.S.*]	*liste d'attente*	waiting-list
	baggage	*confirmer*	to confirm
douane	customs	*annulation*	cancellation
passeport	passport	*location d'auto-*	car hire service
visa	visa	*mobiles*	
devises	money; cur-	*autocar*	coach; [*U.S.*]
	rency (fo-		bus
	reign) bills	*aéroport*	airport
trajet	journey	*gare*	station
vol	flight	*quai*	wharf; quay
ligne	line	*escale*	call
billet ; place	ticket	*transit (en)*	in transit
aller simple	single ticket	*Complet !*	Full up! [*bus*]
aller-retour	return —		Booked up!
départ à...	departure at...		[*train,*
arrivée à...	arrival at...		*theatre*]
hôtel	hotel	*séjour au...*	stay at...
voyage	business trip	*classe touriste*	tourist class
d'affaires		*voiture-lit*	sleeping-car
— de tourisme	pleasure trip	*couchette*	berth

Réservez-moi deux places en voiture-lit pour Cannes dans le « Train
Reserve a double compartment in a sleeping-car for Cannes, on the
  bleu » de vendredi soir ; retenez aussi une chambre au Grand
  « Train bleu », Friday night; also reserve a room at the Grand
  Hôtel pour un séjour d'une semaine.
  Hotel for a week's stay.
Pouvez-vous m'organiser une visite de Londres avec un guide ?
Can you arrange a trip to London with a guided visit of the town?
Je désire aller par avion à Londres en classe touriste, avec la compagnie
I want to fly to London in tourist class, with BOAC, Monday

BOAC, vol de lundi matin. L'avion est complet? Inscrivez-moi sur
morning flight. The plane is all booked up? Put my name down
la liste d'attente.
on the waiting-list.
(V. aussi AVION, BATEAU, HÔTEL, TRAIN.)

vu [étant donné]
vue [sens] / - [paysage, etc.]
● *vues à projeter*

● *point de vue / A (ou de)
mon -.*
● *au point de vue de...*
● *à première vue*
wagon (V. tableau TRAIN.)
water-closets
● *Où sont les water-closets?*

y / *il y a*
● *J'y vais.*
● *J'y serai* [rendez-vous].
● *En passant... / Pendant que j'y
pense...*
● *Y a-t-il...?*
● *Y êtes-vous* [prêt]?
yachting
yeux / *j'ai mal aux -*
● *Je n'en crois pas mes yeux!*
zéro / - [tél.] / - [sports]

● *au-dessous de zéro*

considering; owing ['ouiŋ] to...
sight [saɪt] / view [vjuː]
transparencies; [*U.S.*]
colour-slides
point of view / In my view.

as regards...
at first sight
carriage; [*U.S.*] coach [koutʃ]
water-closet; lavatory
Where is the men's / the ladies'
room?
there / - is, are
I am going there.
I'll be there.
By the way... / While I think
of it...
Is (*or* are) there...?
(Are you) ready?
yachting ['jɔtiŋ]
eyes / my eyes hurt
I can hardly believe my eyes!
zero, nought [nɔːt] / 0 [*tel.*] / nil
[*sports*]; love [*tennis*]
below freezing point (*or* zero)

PREFACE

THIS IS A FRIEND...

You may be sightseeing as a tourist, discovering 'abroad' as a student, or hurrying on a journey, but in any case you have little enough time for any of the thousand things there are to do. We do not attempt to go deeply into any one subject in this guide : it takes in a host, so as to serve you faithfully in each of the many and varied circumstances you will inevitably find yourself in.

We have had two main preoccupations in selecting this minimum stock of words, expressions, phrases, and basic notions of grammar.

First, to offer a guide to the classic activities, the ones which we can *anticipate* will be your own. Each is given a micro-vocabulary here, presented in the form of a *chart-situation*, 95 charts in all.

Secondly, to meet those hundreds of unknowns which are the circumstances not foreseen in any one chart... For this reason we provide a block alphabetic word-list, which is the backbone of the book.

In particular you will find in these pages single words rather than those lengthy sentences which were the pride of the old guide-books; brief phrases for use in definite cases; part-phrases corresponding to the commonest forms in speech : questions, exclamations, conversation... In short, a little set of simple, precise tools which any beginner can make good use of. There are no phonetics, or scarcely any, save for English. Let us have no illusions about it : at this level, pronunciation virtually is acquired by ear alone.

So then, with this book in hand, set out to understand and make yourself understood : and do not be shy, nor in too great a hurry. Remind yourself that the natives have vast stores of patience in their dealings with struggling foreigners. Watch, listen, progress by simple ideas, look up the key-word to the situation in your guide. You will always find it, and all will be well...

Most word-lists setting out the essential vocabulary of important subjects — such as : AGREEMENT, SHOPPING, CAR, etc. — are to be found in the French-English part only (with the exception of *Weights and Measures*, which appears in both sections). Some subjects, however, have been entered in the second part, exclusively. They are AMERICANISMS, "FALSE FRIENDS" (homonyms).

The methodical list of charts for both parts is to be found at the beginning of the book.

a [an, before a vowel]	un, une [œ̃, yn]

abbreviations :	abréviations [*f.*] :
A 1, 2, etc.	route à grande circulation (= N 1, 2, etc.)
A. A.	Automobile Association
A. C.	alternating current
AM	*ante meridiem :* (heures) du matin
B 1, 2, etc.	route secondaire (= D 1, 2, etc.)
c/o	[care of] = chez
cc.	cubic centimetre
d.	penny, pence
D.C.	direct current
Esq.	[Esquire] = Monsieur...
H.M.S.	Her (His) Majesty's Ship
H.P.	horse-power = CV
i.e.	[*id est* = that is to say] = c'est-à-dire
I.O.U.	[= I owe you] = billet de reconnaissance de dette
L.	(pound) livre
m.p.h.	mile(s) per hour
Mr.	[Mister] = M.
Mrs.	[Mistress] = Mme
oz.	ounce = 28,35 g
PM	*post meridiem :* (heures) de l'après-midi
R.A.C.	Royal Automobile Club
T.V.	television

ability	aptitude; savoir-faire
able	capable
• *to be able*	pouvoir [puvwa:r] (v. CAN)
aboard	à bord de, du...
about	au sujet de; environ; sur
• *What is it all about?*	De quoi s'agit-il?
above	au-dessus; en haut
abroad	au loin; dehors; à l'étranger (V. tableau SÉJOUR.)
accelerate	accélérer
accident	accident *(m.)* [V. tableau INCIDENTS.]
accommodation	logement [*m.*]
according to	selon; d'après
account	calcul; compte

accurately	exactement; avec précision
accustom	habituer
• *to get accustomed to...*	s'habituer à...
aching	douloureux [dulurø]
acquaintance	connaissance [f.]
across	en travers de; au travers
activities	activités *(f. pl.)* [V. tableau.]
actually	réellement [reɛlmɑ̃]
addressee	destinataire
adjective [gramm.]	adjectif (V. tableau.)
adjust	adapter
admission	accès [aksɛ] *(m.)*; entrée [f.]
admittance	entrée [f.]
advantage	avantage [m.]; supériorité [f.]
• *to take advantage of...*	profiter de...
adverb [gramm.]	adverbe (V. tableau.)
advice [sg.]	avis; conseils [m. pl.]
advise	conseiller [kɔ̃sɛje]
aerial	antenne [f.]
afford	se permettre; être assez riche pour...
afraid (to be) / - *of, lest*	avoir peur / - de, que
after / - *all*	après [aprɛ] / - tout
afternoon	après-midi [m.]
against	contre
ago	il y a
• *Two years ago.*	Il y a deux ans.
agree	consentir; être d'accord
agreement	entente [f.]; accord [m.] (V. tableau ACCORD.)
ahead	en avant
airport	aéroport [m.]
air-sickness	mal de l'air [m.]
air-travel	voyage [m.] en avion (V. tableau AVION.)
alarm-clock	réveille-matin [m.]
ale / *pale* -	bière [bjɛːr] *(f.)* / - blonde
all	tout, toute; [pl.] tous
• *not at all*	pas du tout
allow	permettre; autoriser
• *to allow for...*	tenir compte de...
allowance	permission [f.]; réduction, remise
alone	seul, seule [sœl]
• *Leave me alone.*	Laissez-moi tranquille.
along	le long de
aloud	à haute voix
already	déjà
also	aussi [osi]
although	bien que; quoique [kwakə]
always	toujours
amber light	feu jaune [m.]

ENGLISH	FRANÇAIS	AMERICAN
autumn	automne	*fall*
bank-note	billet (de banque)	*bill*
bath	baignoire	*bathtub*
booking-office	guichet des billets	*ticket-office*
braces	bretelles	*suspenders*
call-box	cabine téléphonique	*telephone-booth*
car	automobile	*automobile*
chemist	pharmacien	*druggist*
chemist's shop	pharmacie	*drugstore*
1. *cheque*; 2. *bill*	1. chèque; 2. addition	*check*
cheque-book	chéquier	*checkbook*
cloak-room	consigne (ch. de fer)	*checkroom*
corn, wheat	blé	*wheat*
counterfoil	talon (souche)	*stub (of check)*
dinner-jacket	smoking	*tuxedo* (or *tux*)
first floor	premier étage	*second floor*
ground-floor	rez-de-chaussée	*street-floor*
inquiry office	bureau de renseignements	*information bureau*
ladies' room	lavabos	*wash-room*
lavatory	toilettes; W.-C.	*restroom*
letter-box	boîte aux lettres	*mailbox*
lift	ascenseur	*elevator*
luggage	bagages	*baggage*
maize	maïs	*corn*
men's room	lavabos	*wash-room*
mind!	attention!	*watch (your feet)!*
overcoat	pardessus	*top coat*
packet	paquet	*pack (of cigarettes)*
pavement	trottoir	*sidewalk*
petrol	essence	*gasoline* (or *gas*)
railway	chemin de fer	*railroad*
return	retour	*round trip*
shop	boutique	*store*
single ticket	aller simple	*one-way ticket*
time-table	indicateur	*schedule*
tobacconist	bureau de tabac	*cigar store*
underground	métro	*subway*
waistcoat	gilet	*vest*

amid; amidst   **parmi; au milieu de**
among; amongst   **parmi; entre**
amount   **quantité; somme** [*f.*]
an [before a vowel = a]   **un, une** [œ̃, yn]
angry (at, with)   **fâché; furieux (contre)**
● *to get angry*   se mettre en colère
another   **un autre; un de plus**
answer [n.] // **to -**   **réponse** [*f.*] // **répondre**
anti-freeze   **antigel** [*m.*]

antique dealer	**antiquaire** [*m.*]
anxious	**inquiet** [ɛ̃kjɛ]; **désireux**
• *I am anxious to...*	Je tiens à...
any	**n'importe quel; quelconque** [kɛl-kɔ̃k]
• *at any time*	n'importe quand
anybody; anyone	n'importe qui
anyhow; anyway	n'importe comment; **en tout cas**
anything	n'importe quoi
anywhere	n'importe où
apart	de côté; à distance
apology	**excuse** *(f.)* [V. tableau.]
appeal to...	**séduire; tenter**
appear	**paraître; sembler; apparaître**
appetite	**appétit** [apeti] *(m.)*
apple	**pomme** [*f.*]
apply to...	**s'adresser à...**
appointment	**rendez-vous** [*m.*] (V. tableau.)
• *to make an appointment with...*	donner un rendez-vous à...
appreciate	**évaluer** [evalɥe]; **apprécier**
arm	**bras** [bra] *(m.)*; **arme** [*f.*]
army	**armée** *(f.)* [V. tableau.]
arrange	**arranger; organiser**
arrival	**arrivée** [*f.*]
article	**article** (V. tableau.)
as	**aussi; autant; au fur et à mesure; en tant que...**
• *as... as*	aussi... que
• *as well as*	de même que
ashamed	**honteux** [ɔ̃tø]
ash-tray	**cendrier** [sɑ̃drije] *(m.)*
aside	de côté; à part
ask	**interroger** [ɛ̃terɔʒe]; **demander**
• *to ask a question*	poser une question
• *to ask s. o. sth. (or for sth.)*	demander quelque chose à quelqu'un
asleep // to fall -	**endormi // s'endormir**
assist	**aider**
assistant // (shop-) -	**assistant // vendeur; vendeuse**
at	**à**
atmospherics	**parasites** [*m. pl., radio*]
attache-case	**mallette; petite valise** [*f.*]
attend	**assister à; servir**
attractive / - [price]	**séduisant** [sedɥizɑ̃], **sympathique / intéressant** [*prix*]
August	**août** [u, *m.*]
autumn	**automne** [otɔn] *(m.)*
available [seat, taxi]	**disponible, libre**
avoid	**éviter**
away	**au loin** [lwɛ̃]; **sans arrêt; absent**

• *right away*	tout de suite
awkward	malaisé; peu commode
axle	axe [*m.*]
• *back axle*	pont arrière [*m.*]
baby-sitter	gardien, gardienne d'enfants
back [n.]	dos [do] *(m.)*
back [adj.]	de derrière; arrière
back [adv.]	vers l'arrière; de retour
• *I'll be back...*	Je serai de retour...
backwards	en arrière
bad // badly	mauvais, e // mal
baker	boulanger [bulɑ̃ʒe] *(m.)*
balance	solde [*m., finance*]
ball point pen	stylo [*m.*] à bille [stiloabiːj]
bandage	pansement [*m.*]; bande [*f.*]
bank	banque [*f.*]
Bank Holiday	jour férié [*m.*]
bank(ing) account	compte [kɔ̃ːt] *(m.)* en banque
bank-note	billet [bijɛ] *(m.)* de banque
barber	coiffeur [*m.*] (V. tableau.)
bargain [n.]	affaire; occasion [*f.*]
• *into the bargain*	par-dessus le marché
bargain [v.]	marchander
barmaid	serveuse [*f.*] de bar
bath	bain [bɛ̃] *(m.)*; baignoire [*f.*]
• *bathroom*	salle de bains [*f.*]
• *to have a bath*	prendre un bain
bathe	se baigner
bathing-costume	costume [*m.*] de bain
be (was, been)	être; se porter
• *How are you?*	Comment allez-vous?
beach	plage [plaːʒ] *(f.)* [V. tableau.]
beautiful	beau [bo], bel [*m.*], belle [*f.*]
beauty	beauté *(f.)* [V. SOINS DE BEAUTÉ.]
because	parce que
become (became, become)	devenir; convenir
bed	lit [*m.*]
bed-room	chambre [ʃɑ̃ːbr] à coucher
• *bed and breakfast*	demi-pension [*f.*]; chambre et petit déjeuner
• *twin beds*	lits jumeaux [*m. pl.*]
beef	bœuf [bœf] *(m.)*
beer	bière [bjɛːr] *(f.)*
before	en avant; devant; avant
begin (began, begun)	commencer
beginning	commencement / début [*m.*]
behave; - [children]	se conduire; se tenir [*enfants*]
behind	en arrière; derrière
believe	croire [krwaːr]
bell	cloche; sonnette [*f.*]
below	en bas; au-dessous

belt	ceinture [sɛ̃tyːr] *(f.)*
• *safety belt*	ceinture de sécurité
bend [road]	tournant [*m., route*]
beneath	au-dessous
berth	cabine [*f.*]
beside	à côté de; près de; hors de
besides	en outre; de plus
best (the)	le meilleur [mɛjœːr]; le mieux
• *What I like best...*	Ce que je préfère...
better	mieux [mjø]
• *better and better*	de mieux en mieux
• *I had better go now.*	Je ferais mieux de partir maintenant.
• *I should have done better to...*	J'aurais mieux fait de...
• *so much the better*	tant mieux
between	entre [ɑ̃ːtr]
beware!	gare! attention!
bicycle	bicyclette [bisiklɛt]
big (bigger; biggest)	gros [gro]; grand, e
bill	note; addition [*f., restaurant*]
binoculars	jumelles [*f. pl.*]
birthday	date de naissance [*f.*]; anniversaire [*m.*]
birth-place	lieu [*m.*] de naissance
biscuits	gâteaux secs [*m. pl.*]
bit	morceau [mɔrso] *(m.)*
• *a bit*	un peu
bite	piqûre [*f.*] de moustique
black [adj.] / - [shoes, v.]	noir [nwar] / cirer
blacking [for shoes]	cirage noir [*m.*]
blade	lame [*f.*]
blanket	couverture [*f.*]
bleed (bled, bled)	saigner [sɛɲe]
bless	bénir
block	pâté [*m.*] de maisons
• *block of flats*	immeuble [*m.*]
blouse [of women]	chemisier [*m.*]; blouse
blow [n.]	coup [ku] *(m.)*
blow (blew, blown)	souffler [*vent*]
• *to blow one's nose*	se moucher
blue	bleu [blø]
board	planche; nourriture; pension [*f.*]
• *full board*	pension complète
• *board and lodging*	la nourriture et le logement
board [ship, plane]	bord [*m., bateau, avion*]
boarding-house	pension de famille [*f.*]
boat	bateau (V. tableau); paquebot [*m.*]
body / - [car]	corps [kɔːr] *(m.)* / carrosserie [*f.*]
• *human body*	corps humain (V. tableau)
bonnet [car]	capot [*m.*]
book [n.]	livre [*à lire*]

• *telephone book* [U.S.]	annuaire [anɥɛːr] du téléphone
book [v., theatre, railway]	**louer une place** [*théâtre, train*]
• *all booked up*	complet
booking-office [railway]	**guichet** [*m.*] **des billets**
bookshop; [*U.S.*] **bookstore**	**librairie** (V. tableau.)
boot / - [car]	**botte** [*f.*] / **coffre** [*m., voiture*]
booth	**baraque** [*f.*]
• *telephone booth* [U.S.]	cabine téléphonique [*f.*]
boots	**garçon d'étage** [*m.*]; **cireur** [*m.*]
boring	**ennuyeux**
born / *I was - in 1930.*	**né** / Je suis - en 1930.
borrow	**emprunter** [ɑ̃prœ̃te]
both	**les deux; tous les deux**
bother	**ennuyer; importuner**
bottle	**bouteille** [*f.*]
bound	**bond** [*m.*]; **limite** [*f.*]
bow	**arc** [*m.*]; **courbe** [*f.*]
• *bow-tie*	nœud [nø] papillon [*m.*]
• *bow-window*	fenêtre en saillie [*f.*]
box, [pl.] **boxes** / **box** [sport]	**boîte** [bwat] *(f.)* / **boxe**
• *box-office*	bureau [*m.*] de location
bra; brassière	**soutien-gorge** [*m.*]
braces	**bretelles** [*f. pl.*]
brake [n.]	**frein** [frɛ̃] *(m.)*
brand	**marque** [*f., commerce*]
bread	**pain** [pɛ̃] *(m.)*
• *bread and butter*	tartine beurrée [*f.*]
break (broke, broken)	**casser, briser; interrompre**
breakdown [car]	**panne** [*f.*]
breakfast	**petit déjeuner** [*m.*]
bridge	**pont** [pɔ̃] *(m.)*
brief-case	**serviette** [*f.*]
bright	**brillant** [brijɑ̃]; **clair**
bring (brought, brought)	**apporter**
broad	**large**
broadcasting	**radiodiffusion** [*f.*]
brother	**frère** [*m.*]
brown	**marron; brun, e**
brush	**brosse** [*f.*]
brush up	**donner un coup de brosse**
• *to brush up one's English*	rafraîchir son anglais
buffet [restaurant]	**buffet** [byfɛ] *(m., restaurant)*
• *buffet-car* [U.S.]	voiture-restaurant [*m.*]
bulb	**ampoule** [*f.*]
bumper [car]	**pare-chocs** [*m.*]
bunk	**couchette** [*f.*]
burst	**éclater**
bus, [pl.] **busses**	**autobus** [*m.*] (V. tableau); **car** [*m.*]
business [sg.]	**affaires** [*f. pl.*] (V. tableau.)
busy	**occupé**
but	**mais; excepté; seulement**

butcher's shop	boucherie [buʃri] *(f.)*
butter	beurre [m.]
button	bouton [m.]
buy (bought, bought)	acheter [aʃte]
by	par
by-way	route écartée, peu fréquentée
cab / cab-rank (or stand)	taxi [m.] / station [f.] de -
cabin	cabine [f.]
cake	gâteau [gɑto] *(m.)*
call [n.]	appel [m.]; visite [f.]; escale [f.]; conversation [f.] téléphonique
call [v.]	appeler
• to call at / - [ship]	passer chez quelqu'un / faire escale
• to call in	faire venir
• to call off	annuler [anyle]; décommander
• to call on	rendre visite à quelqu'un
• to call up	appeler au téléphone
call-box	cabine [f.] téléphonique
calling	profession [f.]
calm down [sea]	se calmer; s'apaiser
camera; still camera	appareil [m.] photographique
• cine (or movie) camera	caméra [f.]
camping	camping (V. tableau.)
can (I)	je peux
• I could	je pouvais (*ou* je pourrais)
can [n.]	bidon [m.]; boîte [f.] de conserve
cancel	annuler
cancellation	annulation; résiliation [f.]
candle	bougie [f.]
can-opener	ouvre-boîtes [m.]
car	voiture; auto(mobile) [V. tableau.]
• car hire service	location de voiture sans chauffeur
• car-licence	carte grise [f.]
caravan [trailer] / - [gypsies]	caravane / roulotte
caravaning	tourisme [m.] en caravane
card	carte [f.]
care [n.]	soin [swɛ̃] *(m.)*; souci
• Take care of...	Prenez soin de...
• care of [abr. c/o]	aux bons soins de; chez [*adresse*]
care [v.]	se soucier [səsusje]
• I don't care for it.	Je n'y tiens pas beaucoup.
• I could don't care less!	Je m'en fiche!
careful	attentif; soigneux
carriage	transport [m.]; frais de port [frɛ də pɔːr] *(m. pl.)*
• carriage free	franco de port (*ou* port [m.] payé)
• carriage forward	port [m.] dû
carriage [railway]	voiture [f., *de voyageurs*]
carry	transporter; porter
• carry on	continuer [kɔ̃tinɥe]; poursuivre

- *carry out* — mettre à exécution; accomplir
case — cas; exemple [m.]
- *suit-case* — valise [f.]
cash [v.] — encaisser [ăkɛse] un chèque
cash — argent comptant [m.]; espèces [f. pl.]
- *cash on delivery* — envoi [ăvwa] *(m.)* contre remboursement
- *cash down* — (paiement) comptant
- *in hard cash* — en espèces
cashier's desk [store] — caisse [(f.) magasin]
cast — lancer [lăse]; jeter
catch (caught, caught) — attraper, saisir
cease — cesser
ceaseless // ceaselessly — incessant // sans cesse
ceiling — plafond [plafɔ̃] *(m.)*
chain store — magasin [m.] à succursales multiples

chambermaid — femme de chambre
chance / *by* - — hasard [m.] / par -
change / - [exchange] / - [odd money] — changement [m.] / change [m.] / monnaie [f.]
change speed gear — changement [m.] de vitesse
change [v., train, clothes, place] — changer [train, vêtements, place]
Channel (the) — la Manche [f.]
charge [n.] — dépense [f.]; prix [m.]
charge [v.] — faire payer, prendre [un prix]; charger [batterie]
charges — frais [frɛ] *(m. pl.)*
- *forwarding* (or *shipping*) — frais [m. pl.] d'expédition
cheap — bon marché
check [n.] / - [U.S.] / - [restaur.] — contrôle [m.]; reçu [rəsy] *(m.)*; marque [f.] de contrôle / chèque [m.] / addition [f., restaurant]
check [v.] / - [U.S.] — vérifier [verifje]; contrôler / [U.S.] mettre au vestiaire
- *to check in* [at an hotel, U.S.] — s'inscrire [sɛ̃skriːr] [hôtel]
- *to check out* [at an hotel, U.S.] — partir [et régler sa note]
- *to check up* — contrôler
checkbook [U.S.] — chéquier [m.]
checkroom [for baggage, U.S.] — vestiaire [m.]; consigne [f.]
Cheerio ! / - [in drinking] — Au revoir ! / A la vôtre !
Cheers ! [in drinking] — A votre santé !
cheese — fromage [m.]
chemist's shop — pharmacie [f.] (V. tableau.)
chess — échecs [m. pl.]
chicken — poulet [m.]
chief — principal
child, [pl.] children — enfant [ăfă] *(m.)*
chilly — glacé
choice [n.] / - [adj.] — choix [ʃwa] *(m.)* / de bonne qualité

choose (chose, chosen)	choisir
chop	côtelette [f.]
Christmas	Noël [nɔɛl] (m.)
church	église [f.] (V. tableau.)
cider	cidre [m.]
circumstances	circonstances; situation [f.]
civil	poli; civil
claim	réclamer; prétendre
	(V. tableau RÉCLAMATIONS.)
clean // cleanly	propre // proprement
clean [v.]	nettoyer [nɛtwaje]; dégraisser [vêtement]
cleaner	dégraisseur [m.]
• vacuum cleaner	aspirateur [m.]
clear / - [goods] / - [sky]	débarrasser; désencombrer / solder / se dégager; s'éclaircir
• to clear through customs	dédouaner [dedwane]
clearance; clearance-sales	soldes
clerk	employé [m.]
cloak	manteau [m.]
cloak-room [railway] / - [theatre]	consigne [f.] / vestiaire [m.]
clock	horloge [f.]
• clock-maker	horloger [m.]
close	clos [klo]; fermé; renfermé
closed [door] / - [road]	fermée [porte] / barrée [route]
cloth	drap [dra] (m.); étoffe; nappe [f.]
clothes	habits; vêtements [m. pl.]
	(V. aussi tableau VÊTEMENTS.)
cloud // cloudy	nuage [m.] // nuageux
cloudless	sans nuages, serein
club / - [hockey] / - [golf]	club [m.] / crosse [f.] / club [golf]
clutch	embrayage [ãbrɛjaːʒ] (m.)
coach	auto(car) [m.]; wagon [m.]
coast [shore]	côte [f., rivage]
coat	veste [f.]; veston [m.]; manteau
• coat-stand	portemanteau [m.]
coffee	café [m.]
coffee-house	café (V. tableau.)
coin	pièce de monnaie [f.]
cold / I am cold.	froid / J'ai froid.
cold [n.]	rhume [rym] (m.)
• to catch a cold	attraper un rhume; s'enrhumer
collect / - [the tickets] / - [the luggage]	collectionner / ramasser / prendre à domicile
collide with ... [cars]	tamponner, emboutir
colloquial // colloquially	familier // familièrement
comb [n.]	peigne [pɛɲ] (m.)
comb [v.]	peigner
come (came, come)	venir
• to come across	rencontrer
• to come back	revenir, retourner

• *to come down*	descendre [desɑ̃ːdr]
• *to come in*	entrer
• *Come along!*	Allons vite!; Allons-y!
• *Come on!*	Allez!; Venez!
comfortable	confortable; à l'aise
compact	poudrier [m.]
company	compagnie [f.]
compartment	compartiment [m.]
compel	obliger [ɔbliʒe]; forcer
compensation	compensation [f.]; dédommage-ment [m.]; indemnité [f.]
complain	se plaindre
complaint	plainte [plɛ̃ːt] (f.)
complete [adj.] / - [v.]	complet, total / achever
completely	complètement [kɔ̃plɛtmɑ̃]
compliments	compliments; hommages [m. pl.]
compose oneself	se calmer
compulsory	obligatoire [ɔbligatwaːr]
concerning	au sujet de
conclude	conclure; achever; terminer
condition	condition [f.]
conductor	receveur [rəsəvœːr] (m.) d'autobus
confess	avouer; reconnaître; confesser
confuse	mêler; confondre
congratulate	féliciter
congratulations	félicitations [f. pl.]
conjunction [gramm.]	conjonction (V. tableau.)
connection / - [tel.]	famille; parenté [f.] / communi-cation [f., tél.]
consent	consentir (V. tableau ACCORD.)
consequently	par suite
considering	vu, eu égard à; étant donné
contact	contact [m.]
control	autorité; maîtrise [f.]; contrôle
convenience	convenance; commodité [f.]
• *at your convenience*	quand vous le pourrez
conversation	conversation (V. FORMULES DE CONVERSATION.)
conveyance	transport [m.]
• *means of conveyance*	moyens de transport
cook [n.]	cuisinier [kɥizinje] (m.)
cook [v.]	faire cuire; faire la cuisine
cooking [act] / - [preparation]	cuisson [kɥisɔ̃] (f.) / cuisine [f.]
cool	frais
copy	numéro [de journal]
cork	bouchon [m.]
corn [U.S.]	maïs [m.]
corner	coin [kwɛ̃]; virage [m.]
correspondence	correspondance (V. tableau.)
corridor	couloir [kulwaːr, m.]
cosmetics	produits [m. pl.] de beauté

cost	coût [ku] *(m.)* ; frais [*m. pl.*]
cost (cost, cost)	coûter
cosy	confortable; douillet
count	compter [kɔ̃te]; calculer
counter / - [in a bank]	comptoir [*m.*] / caisse [*f.*]
counterfoil [of cheque]	talon [*m.*]
course / - [restaurant] / - [golf]	cours [ku:r]; courant [*m.*] / plat [*m., restaurant*] / terrain [*m.*] de golf
• *of course*	naturellement; bien sûr
cover [n., restaurant]	couvert [*m., restaurant*]
• *no cover charge*	couvert compris
crackers [*U.S.*]	gâteaux secs [*m. pl.*]
crease [trousers]	pli [*pantalon*]
cross [v.]	croiser [krwaze]; traverser
cross [adj.]	fâché; irrité
cross [n.]	croix [krwa] *(f.)*
crossing	traversée [*f.*]
cross-roads	carrefour [*m.*]
cup	tasse; coupe [*f.*]
• *a cup of tea*	une tasse de thé
currants	raisins [*m. pl.*] de Corinthe
currency	monnaie [*f.*]; devise [*f.*]
current	courant; actuel
• *current events*	actualités; événements du jour
current [electr.]	courant [*m., électr.*]
custody [protection]	garde [*f.*]
custom	coutume [kutym] *(f.)* ; usage [*m.*]
customary	coutumier; habituel
customer	client [klijɑ̃], cliente
custom-house	douane [dwan] *(f.)* [V. tableau.]
customs	droits [drwa, *m. pl.*] de douane
• *customs officer*	douanier [*m.*]
cut (cut, cut)	couper
daily	quotidien [kɔtidjɛ̃]
damage	dégâts [degɑ, *m. pl.*]
dare (dared, dared)	oser [oze]
dark	sombre; obscur
dashboard [car]	tableau de bord [*m., voiture*]
date / - [*U.S.*]	date [*f.*] / rendez-vous, flirt [*m.*]
daughter	fille [fi:j] *(f.)*
day	jour [ʒu:r] *(m.)*
• *the day after tomorrow*	après-demain
• *the day before yesterday*	avant-hier
dead [adj.] / - [adv.]	mort / totalement
deal [n., commerce]	affaire [*commerce*] (V. tableau.)
deal [v.]	distribuer
• *to deal with*	s'occuper de; conclure
dealer	marchand [*m.*]
dear [beloved *or* costly]	cher [ʃɛ:r], chère
deceive	tromper

121

decent	décent; convenable; comme il faut
deck [ship]	pont [m., bateau]
deduct	déduire
delay	retard [m.]
delight	plaisir [plɛziːr] (m.); délice [m.]
delighted	ravi; enchanté
deliver / - [a parcel]	distribuer / porter [un colis]
demand	exiger [ɛgziʒe]
depend / - on...	dépendre / - de...
deposit	dépôt; cautionnement [m.]; arrhes [f. pl.]
desirable	désirable
desk [commerce]	caisse [f., commerce]
dessert	dessert [dɛsɛːr] (m.)
determine	décider
dial	composer [un numéro au téléphone]
difficulties	difficultés (V. tableau.)
dim / - [light-bulb]	sombre; voilé / faible [lampe]
dining-car	voiture-restaurant [f.]
dining-room	salle à manger [salamɑ̃ʒe] (f.)
dinner / dinner-jacket	dîner [dine] (m.) / smoking [m.]
dipped lights [car]	les « codes » [voiture]
direct	diriger
directions	indications [f. pl.]
directory	annuaire [anɥɛːr] (m.) [du téléphone, etc.]
discharge [battery]	décharger [batterie]
dish	plat [pla] (m.)
disk	disque (V. tableau.)
display	exposer [marchandise]
displeased	mécontent
district	région [reʒjɔ̃]; quartier [m.]
disturb	gêner [ʒɛne]; déranger
diversion [road]	déviation [f., route]
do (did, done)	faire; accomplir
• That will do.	Cela fera l'affaire.
• I'll do without.	Je m'en passerai.
doctor	docteur; médecin (V. tableau.)
dog	chien [ʃjɛ̃] (m.)
done	fait
door // door-keeper	porte [f.] // portier [m.]
double	double
doubt [n.] // doubt [v.]	doute [m.] // douter
doubtless	sans doute
down	en bas; vers le bas; par terre
• down [tyre]	dégonflé [pneu]
• down below / down there	en bas / là-bas [laba]
drain [the crank-case, etc.]	vidanger [le carter, etc.]
draught	courant d'air [m.]

draw [v.] / - [a cheque] / - [money]
tirer / - [*un chèque*] / toucher [*argent*]

• *to draw* [sports]
faire match nul

drawing-room
salon [*m.*]

dress [n.] / - [for women]
habits [abi] *(m. pl.)*; costume [*m.*] / robe [*f.*]

• *evening dress*
habit; robe du soir

dress [v.]
s'habiller

dressing
toilette [*f.*]; pansement [*m.*] (V. tableau TOILETTE ET BEAUTÉ.)

• *dressing-gown*
peignoir [*m.*]

• *dressing-station*
poste de secours

drink [n.]
boisson *(f.)* [V. tableau.]

drink (drank, drunk)
boire [bwaːr]

drinking-water
eau potable [opɔtabl] *(f.)*

drive [n., car]
conduite; promenade [*autom.*]

drive (drove, driven)
conduire; aller en voiture

drop [v.]
laisser tomber

• *Let's drop the subject.*
N'en parlons plus.

• *to drop in*
passer (chez quelqu'un); entrer en passant

druggist [*U.S.*]
pharmacien (V. tableau.)

drunk; drunken
ivre; saoûl [su]

dry
sec, sèche [sɛʃ]

• *to run dry*
avoir une panne sèche

due
dû [dy]; attendu à... [*train, avion*]

dues; duty [customs]
droits [*m. pl.*] de douane

• *duty-free*
exempt de droits; en franchise

during
pendant [pɑ̃dɑ̃]

dust [n.] // - [v.]
poussière [*f.*] // épousseter

dutiable
soumis aux droits de douane

each
chaque, chacun [ʃak, ʃakœ̃]

ear
oreille [*f.*]

early
tôt [to]; de bonne heure; en avance

earn [salary]
gagner [gaɲe] [*salaire*]

Easter
Pâques

easy
facile [fasil]; aisé

eat (ate, eaten)
manger [mɑ̃ʒe]

egg
œuf [œf] *(m.)*

Eire
Irlande (État libre d')

elderly
d'un certain âge

elevator [*U.S.*]
ascenseur [asɑ̃sœːr] *(m.)*

else / *nowhere else*
autre; ailleurs / nulle part ailleurs

embankment [of a road] / - [of a river]
remblai [*m., d'une route*]; quai [*fleuve*]

embarkation
embarquement [*m.*]

embarrass
embarrasser; gêner

emergency
état [*m.*] d'urgence; situation critique [*f.*]

• *emergency exit*
sortie de secours

123

emplane	monter en avion
employe, employee	employé, e [*m.*, *f.*]
enclosed	ci-inclus [siɛ̃kly]; ci-joint
end	fin [fɛ̃] *(f.)*; limite [*f.*]; but [*m.*]
endeavour	s'efforcer
endorse [a cheque]	endosser [ɑ̃dɔse]
engaged	occupé [*tél.*, *etc.*]; fiancé(e)
engine	machine [*f.*]; moteur [*m.*]
England	Angleterre
English [adj.] / - [n., language]	Anglais, Anglaise; anglais [*langue*]
Englishman	un Anglais [ɑ̃glɛ]
Englishwoman	une Anglaise
enjoy	jouir de; prendre plaisir à
• *to enjoy oneself*	s'amuser; se divertir
• *I enjoyed it very much.*	Cela m'a beaucoup plu.
enlargement [photogr.]	agrandissement [*m.*, *phot.*]
enough	assez [ase]; suffisamment
enquire [about]	s'informer [*de*]; se renseigner
enquiry	(demande de) renseignement (V. tableau.); enquête [*f.*]
enter	entrer; pénétrer
entertain / - [guests]	amuser, divertir / recevoir [*des hôtes*]
entertaining	amusant; divertissant
entertainment	divertissement [*m.*]; spectacle [*m.*] (V. tableau); réception [*f.*]
entirely	entièrement [ɑ̃tjɛrmɑ̃]
entry	entrée [*f.*]
equal	égal
errand	course [kurs]; commission [*f.*]
escape	s'échapper; s'enfuir; éviter
escort [n.]	hôtesse [*f.*, *guide touristique.*]
escort [v.]	accompagner; escorter
estate	propriété [*f.*]; domaine [*m.*]
even	même [mɛːm]
• *even if; even though*	quand bien même; même si
• *even so*	précisément; quand même
evening	soir [swaːr] *(m.)*; soirée [*f.*]
event	événement [*m.*]
• *at all events*	en tout cas; de toute manière
• *in the event of...*	au cas où...
ever / - [at any time]	toujours / jamais [ʒamɛ]; une fois
• *for ever*	à jamais
every	chaque; tout
everybody	tout le monde; tous; chacun
everyone	tout le monde; tous
everywhere	partout
evidence	preuve [*f.*]; témoignage [*m.*]
examination / - [luggage]	examen [ɛgzamɛ̃] / contrôle [*m.*]; inspection [*f.*, *bagage*s]

examine [luggage]	**inspecter** [*bagages*]
exchange / - [finance] / - [tel.]	**échange** [*m.*] / **change** [*m., fin.*] / **central** [*tél.*]
• *exchange office*	bureau [byro] *(m.)* de change
exertion	**effort** [ɛfɔːr] *(m.)*
exhaust / - *pipe*	**échappement** [*m.*] / tuyau d'-
exit	**sortie** [*f.*]
• *emergency exit*	sortie de secours
expect [v.]	**s'attendre à**
expense	**dépense** [*f.*]
expenses [travelling and hotel]	**frais de déplacement**
expensive	**coûteux** [kutø]; **cher**
express [v.]	**exprimer** [ɛksprime]
extension [ticket]	**prolongation** [*(f.) de validité*]
• *extension 104* [tel.]	poste 104 [*tél.*]
extent	**étendue** [*f.*]
• *to some extent*	dans une certaine mesure
eye	**œil** [œːj] *(m. sg.)*, **yeux** [jø] *(pl.)*
face	**visage** [*m.*]
facing [south]	**exposé** [*au midi*]
fact	**fait** [fɛ] *(m.)*
• *as a matter of fact*	en réalité; en fait
fail [v.]	**manquer** [mᾶke]
faint	**s'évanouir** [sevanwiːr]
fair [person, weather] / - [hair]	**beau** [bo], **belle** [*personne, temps*] / **blond** [*cheveux*]
fall / - [U.S.]	**chute** [*f.*] / **automne** [*m.*]
fall (fell, fallen)	**tomber**
false	**faux** [fo]

"false friends" :		faux amis; mots-pièges :	
actually	en réalité	*editor*	rédacteur en chef
advertisement	réclame	*eventually*	finalement
agree	être d'accord	*fastidious*	exigeant; difficile
apology	excuse	*figure*	chiffre
appointment	rendez-vous	*groom*	valet d'écurie
assist	aider	*library*	bibliothèque
attend to...	accompagner	*luxury*	luxe
balance	restant (le)	*nervous*	timide, craintif
bless	bénir	*novel*	roman
blouse	corsage	*officer*	1. fonctionnaire; 2. officier
cargo	cargaison		
chance	hasard, occasion	*parents*	le père et la mère
chemist	pharmacien	*petrol*	essence (auto)
coin	pièce de monnaie	*photograph*	une photo
confections	confiseries	*phrase*	locution, expression
confidence	confiance		
demand (to)	exiger		

presently	bientôt	*spectacles*	lunettes
pretend	faire semblant	*supply*	fournir
realize	comprendre	*surname*	nom de famille
refuse	ordures, détritus	*trespass*	entrer sans permission
relations	1. parents; 2. rapports	*umbrella*	parapluie
		vacancy	chambre libre
rent	loyer	*vest*	gilet; maillot de corps
route	itinéraire		
rude	grossier	*virtually*	pratiquement
saucer	soucoupe	*wag(g)on*	chariot; charrette
sensible	raisonnable		

family — **famille** [*f.*]
fan — **ventilateur** [*m.*]
far — .**loin** [lwɛ̃]; **beaucoup** [boku] au loin
• *far away* / *far off* — jusqu'ici; jusqu'à présent
• *so far*
fare [in a bus, train] — **prix** [pri] *(m.)*; **tarif** [*m.*]
• *fare* [passenger in a taxi] — client [klijã] *(m.)*
• *Fares please?* [in a bus] — Places, S.V.P.?
farther — **plus loin**
fa(s)cia [car] — **tableau de bord** [*m.*, *voiture*]
fashion — **mode** [*f.*]
• *out of fashion* — démodé
fashionable — à la mode
fast — **rapide**
• *My watch is fast.* — Ma montre avance.
fat — **gras** [gra], **grasse**; **gros, grosse**
father — **père** [*m.*]
fault — **faute** [*f.*]; **défaut** [*m.*]
favour — **faveur** [*f.*]; **service** [*m.*]
• *to do s.o. a favour* — rendre un service à quelqu'un
fear [n.] — **peur** [pœːr]; **crainte** [*f.*]
fear [v.] — **craindre**; **avoir peur de**
feast — **fête** [fɛːt] *(f.)*
• *feast-day* — jour [*m.*] de fête
feel (felt, felt) — **sentir**; **ressentir**; **avoir le sentiment**
• *to feel like* — avoir envie de
fellow-traveller — **compagnon de voyage** [*m.*]
fender [*U.S.*] — **garde-boue** [gardəbu] *(m.)*
ferry / - [on a river] — **ferry** [*m.*] / **bac** [*m.*]
fetch — **aller chercher**
fever — **fièvre** [*f.*]
few — **quelques** [kɛlk]; **peu (de)**
• *a few* — quelques
fewer — **moins de** [mwɛ̃də]
figure — **chiffre** [*m.*]; **silhouette** [*f.*]
file — **lime** [lim] *(f.)*

fill
emplir [ɑ̃pliːr]; **remplir**
- *fill in* [a form]
remplir [*formule*]
- *fill up* [car tank]
faire le plein [*voiture*]
find (found, found)
trouver
fine
fin; beau
fine [penalty]
amende
fire
feu [fø] *(m.)*; incendie [*m.*]
first // **firstly**
premier [prəmje] // **premièrement**
- *at first*
tout d'abord [tudabɔːr]
- *at the first go*
du premier coup
- *first-aid station*
poste [*m.*] de secours
fish // **fishing**
poisson [pwasɔ̃] *(m.)* // pêche [*f.*]
fit [v.] / - [clothes]
s'ajuster; adapter / essayer
fit [adj.] / - [sports]
dispos / en forme
fitting [garment]
essayage [*m.*, *vêtement*]
fix / - [meal]
fixer / [*U.S.*] préparer [*repas*]
flat / - *tyre*
plat / pneu [*m.*] à -
flavour / - [ice-cream]
saveur / parfum [*m.*, *glace*]
floor / - [kitchen]
plancher / carrelage
- *floor*
étage [ctɑːʒ]
- *first floor*
1er étage; [*U.S.*] rez-de-chaussée
- *ground-floor*
rez-de-chaussée [*m.*]
florist
fleuriste (V. tableau.)
flu [FAM.]
grippe [*f.*]
fluently
couramment; facilement
fluid
fluide; liquide
fly (flew, flown)
voyager en avion; voler
focus [phot.]
mettre au point [*phot.*]
fog
brouillard [brujaːr] *(m.)*
- *fog-light*
phare [*m.*] antibrouillard
follow
suivre
following
suivant
food
nourriture [*f.*]; aliments [*m. pl.*]; provisions [*f. pl.*]
foot (feet)
pied [pje] *(m.)*
for
pour; en vue de; pendant
- *What for?*
Pour quoi faire?
forbid (forbade, forbidden)
interdire [ɛ̃tɛrdiːr]
foreign [adj.]
étranger, étrangère [*adj.*]
forget (forgot, forgotten)
oublier [ublije]
forgive (forgave, forgiven)
pardonner
fork / - [road]
fourchette / bifurcation [*route*]
form
forme; formule[*f.*]; bulletin [*m.*]
formal [dinner]
de cérémonie [*dîner*]
formalities
formalités (V. tableau.)
formerly
autrefois
forward / - [football]
en avant; vers l'avant / avant
- *Please forward.*
Prière de faire suivre.
frank
franc; sincère
free
libre; gratuit; franc de droits
- *free of charge*
gratis; gratuit

free [oneself]	se libérer
freeze (froze, frozen)	geler
• anti-freeze [car]	antigel [m., voiture]
freezing point / below -	zéro / au-dessous de zéro [odəsudəzero]
French [adj.]	français [adj.]; française [langue]
French people	les Français [pl.]
fresh	frais, fraîche; nouveau, nouvelle
friend	ami [m.], amie [f.]
friendly	amical, e; sympathique
friendship	amitié [f.]
from	de; provenant de; envoyé par
• from this day on	dès aujourd'hui [dezojurdɥi]
• from now on	désormais [dezɔrmɛ]
front; in front of	devant [dəvɑ̃]
frozen / - [engine]	gelé, e; congelé, e / grippé [moteur]
full	plein [plɛ̃], e; entier, entière
• full up [bus]	complet [autobus, métro]
funny	drôle; comique
fur / fur-lined	fourrure [fury:r] (f.) / doublé de -
furnished	meublé
furniture	meubles [m. pl.]; mobilier [m.]
• a piece of furniture	un meuble [m.]
furthermore	en outre [ɑ̃nutr]; d'ailleurs
gallery [for works of art]	galerie [d'art]
gallon	gallon [m., 4,543 litres]
game	jeu [m.]; partie [f.]; match [m.] (V. tableau JEUX.)
• game [shooting]	gibier [ʒibje]
gangway [to board a ship]	passerelle [f., bateau]
garden	jardin [m.]
garment	vêtement [m.] (V. tableau.)
garter / - [U.S.]	jarretière [f.] / fixe-chaussette
gas; [U.S.] gasoline	essence [f.]
gas-cooker	réchaud [rəʃo] (m.) à gaz
gear	engrenage [ɑ̃grəna:ʒ] (m.)
• low gear	première vitesse [f.]
• gear-box	boîte [f.] de vitesses
gentle // gently	doux [du] // doucement
gentlemen / "For -"	messieurs / « Toilettes »
get (got, got, [U.S.] gotten)	obtenir; devenir; aller
• to get angry	se mettre en colère
• to get back	récupérer
• to get down	faire descendre
• to get in	monter en voiture [vwaty:r]
• to get off	descendre (du train)
• to get on	s'entendre
• to get out	sortir
• to get started	se mettre en route
• to get up	se lever; sortir du lit
girl	jeune fille [f.]

give (gave, given)	**donner**
• *to give up*	renoncer; céder; abandonner
glad	**heureux** [ørø]
glass // **glasses**	**verre** [*m.*] // **lunettes** [*f. pl.*]
• *sun* (or *dark*) *glasses*	lunettes de soleil
glove	**gant** [gã] *(m.)*
go (went, gone)	**aller**
• *to go ahead*	aller de l'avant
• *to go away*	s'en aller
• *to go back*	revenir, retourner
• *to go by*	passer (devant)
• *to go down*	descendre
• *to go for*	aller chercher
• *to go home*	rentrer à la maison
• *to go in* / — [tide]	entrer / monter [*marée*]
• *to go on*	continuer
• *to go out* / — [tide]	sortir / descendre [*marée*]
• *to go through*	traverser
• *to go up*	monter
• *What's going on?*	Qu'est-ce qui se passe?
go-between	**intermédiaire** [ε̃tεrmedjεːr] *(m.)*
goal	**but** [by] *(m.)*
gold	**or** [*m.*]; **en or**
golf	**golf** [*m.*]
good	**bon**
• *Good afternoon!*	Bonjour! [bõʒuːr]
(V. aussi tableau SALUTATIONS.)	
goods	**marchandises** [marʃã̃diːz] *(f. pl.)*
gown	**robe** [*f.*]
• *dressing-gown*	robe de chambre [*f.*]
gracious	**courtois** [kurtwa]; **bienveillant**
grade-crossing [*U.S.*]	**passage à niveau** [*m.*]

---

grammar (English) : **grammaire anglaise :**

Voir dans la 1ʳᵉ partie, à leur ordre alphabétique, les titres suivants : ADJECTIF, ADVERBE, ARTICLES, CONJONCTIONS, NOM, PRÉPOSITIONS, PRONOMS, PRONONCIATION ET ACCENT TONIQUE, VERBE, VOUS.

---

grapefruit	**pamplemousse** [*m.*]
grapes [pl.]	**raisin** [*m.*]
grasp [n.]	**prise** [*f.*]
grasp [v.]	**saisir; empoigner**
grass	**herbe** [εrb] *(f.)*; **gazon** [*m.*]; **pelouse** [*f.*]
grease [car]	**graisser** [*voiture*]
great	**grand, e**
green [*a.*] // **green** [*n.*]	**vert, e** [vεːr(t)]; **pré communal** [*m.*]
greens	**légumes verts** [*m. pl.*]
greetings	**salutations** (V. tableau); **souhaits**
grey	**gris, e** [gri(z)]
grocer	**épicier** [episje], **épicière**

129

ground	sol [*m.*]
ground-floor	rez-de-chaussée [redəʃose] *(m.)*
grounds [pl.]	parc [*m.*]
grow (grew, grown)	pousser; croître; faire pousser; cultiver
guard [soldiers] / - [railway]	garde [*soldats*] / chef de train
guest	invité, e
• *guest-house*	pension de famille [*f.*]
gun [rifle] / - [man]	fusil [fyzi] / chasseur
haberdashery	mercerie [*f.*]
habit	habitude [*f.*]
hair	chevelure [*f.*]; cheveux [*m. pl.*]
• *hair-brush*	brosse [*f.*] à cheveux
• *hair cut*	coupe [*f.*] de cheveux
• *hair-dresser*	coiffeur (V. tableau.)
• *hair-pin*	épingle [*f.*] à cheveux
half	demi, demie
• *half-an-hour*	une demi-heure [yndəmjœːr] *(f.)*
• *half-fare*	à demi-tarif; demi-place [*f.*]
• *half-price*	moitié prix [*m.*]
• *half-turn*	demi-tour [*m.*]
ham	jambon [*m.*]
hamper	gêner; entraver
hand	main [mɛ̃] *(f.)*
• *hand-bag*	sac [*m.*] à main
• *to shake hands (with s.o.)*	serrer la main [sɛrelamɛ̃] (à quelqu'un)
• *to give a hand*	donner un coup [ku] de main
• *second-hand*	d'occasion
hand over [sth. to s.o.]	remettre [*quelque chose à quel-qu'un*]
handkerchief	mouchoir [*m.*]
handle / *starting* - [car]	poignée [*f.*] / manivelle [*f.*]
handshake	poignée [pwaɲe] *(f.)* de main
handy	pratique
hang (hung, hung) / - [one's clothes]	suspendre [syspɑ̃ːdr]; accrocher [*ses vêtements*]
hang up [tel.]	raccrocher [*tél.*]
happen	arriver; se produire
happy	heureux [ørø]
harbour	port [*m.*]
• *harbour station*	gare maritime [*f.*]
hard	dur [dyːr]; difficile
hardly	à peine
harm	mal; tort; préjudice
• *No harm done!*	Il n'y a pas de mal.
haste // hasten	hâte [*f.*] // (se) hâter
hat	chapeau [*m.*]
• *hat-peg*	patère [*f.*]
have (had, had)	avoir; posséder

- *I have to go now.* — Je dois partir maintenant; il faut que je parte.
- *I have just seen him.* — Je viens de le voir.
- *to have one's hair cut* — se faire couper les cheveux
hazard — hasard; danger [*m.*]; chance [*f.*]
haze — brume [brym] *(f.)*
he — il
headache — mal [*m.*] de tête
headlight — phare [faːr] *(m.)*
head-waiter — maître d'hôtel [mɛtrdotɛl] *(m.)*
heal [disease] / - [wound] — (se) guérir; (se) cicatriser
health — santé (V. tableau.)
hear (heard, heard) — entendre [ɑ̃tɑ̃ːdr]
- *to hear from s.o.* — avoir des nouvelles de quelqu'un
- *to hear of...* — entendre parler de...
heart — cœur [kœːr] *(m.)*
heat — chaleur [*f.*]
heater — appareil [aparɛj] *(m.)* de chauffage
heath — lande [*f.*]
heating (central) — chauffage central [*m.*]
heavy / - [sea] — lourd; violent / grosse [*mer*]
help [n.] / *Help!* — secours [*m.*] / Au -!
help [v.] — aider [ɛde]; servir [*à table*]
- *Help yourself.* — Servez-vous.
- *Can I help you?* [in a store] — Vous désirez quelque chose? [*dans un magasin*]
her / - [objective] / - [poss. adj.] — elle / la [*compl. dir.*] / son, sa, ses
here — ici
hers — le sien, la sienne, les siens, les siennes
herself / - [reflexive] — elle-même / se [*réfléchi*]
high // **highly** — haut [o] // excessivement
hill / - [slope] — colline [*f.*]; côte [*f.*] / montée [*f.*]; descente [*f.*]
him [objective] — le [*compl. dir.*]
himself / - [reflexive] — lui-même / se [*réfléchi*]
hire [for a short time] — louer [lwe]
- *for hire* — à louer
hire-purchase [system] — vente [vɑ̃ːt] *(f.)* à crédit
hitch-hike [v.] — faire de l'auto-stop
hold [n.] — prise [priːz] *(f.)*
hold (held, held) — tenir
- *Hold on!* [tel.] — Ne quittez pas! [*tél.*]
holiday — jour de congé [*m.*]
home — maison [mɛzɔ̃]; demeure [*f.*]; chez-soi [*m.*]
- *to be at home* — être chez soi
- *to go home* — rentrer chez soi
home-made — fait à la maison; de ménage
honey — miel [mjɛl] *(m.)*
- *honeymoon* — lune de miel; voyage de noces

hood [U.S.]	capot [(m.) bonnet]
hoot	corner; klaxonner
hooter	avertisseur; Klaxon [m.]
hope [n.] // hope [v.]	espoir [m.] // espérer [ɛspere]
horse	cheval [ʃəval] (m.)
host	hôte; hôtelier
hot	très chaud
hotel	hôtel (V. tableau.)
hour	heure (f.) [V. tableau.]
house	maison [f.]
how	comment [kɔmɑ̃]
• how much / many?	combien?
however	cependant; toutefois
hundred	cent [sɑ̃]
hunger // hungry	faim [fɛ̃] (f.) //' affamé
• to be hungry	avoir faim
hurry [n.]	hâte [ɑːt]; précipitation [f.]
hurry [v.]	se hâter
hurt (hurt, hurt)	blesser; faire mal; [FIG.] froisser
husband	mari [m.]
I	je [ʒə]; moi
ice	glace [f.]
if	si
ignition [car]	allumage [alymaːʒ] (m.)
ill	mal; malade
illness	maladie (V. tableau.)
import // imports	importer // importation [f.]
in	dans [dɑ̃]
inch	pouce [= 2, 54 cm] (m.)
incident	incident (m.) [V. tableau.]
incidental	accidentel; fortuit
include // (all) included	inclure [ɛ̃klyːr] // (tout) compris
inclusive	inclus [ɛ̃kly]
• inclusive terms	prix tout compris
inconvenience	déranger [derɑ̃ʒe]
inexpensive	peu coûteux; bon marché
infinitely	infiniment [ɛ̃finimɑ̃]
inflate	gonfler [gɔ̃fle]
influenza	grippe [grip] (f.)
injury	tort; dommage [m.]; blessure [f.]
ink	encre [ɑ̃ːkr] (f.)
inquire (about...)	s'informer (de...); se renseigner
inquiry	renseignement; demande [f.] de renseignements (V. tableau.)
inquiry office	bureau [m.] de renseignements
inside / inside out	intérieur / à l'envers
insist	insister
inspection	contrôle [(m.) passeports]
instalments (by)	par paiements échelonnés
instance	exemple [m.]
instant	immédiat; pressant

instead of...	au lieu de... [oljødə]
insurance	assurance (V. tableau.)
intend	avoir l'intention; avoir envie de
intermission [U.S.]	entracte [m.]
interrupt	interrompre
interval	intervalle [m.]; entracte [m.]
into	en; dans [ã, dã]
introduce	introduire; présenter qqn
intrude	déranger; être importun
invoice	facture [f.]
Ireland // Irish	Irlande [f.] // Irlandais [irlãdɛ]
iron [n.]	fer [fɛːr] (m.)
iron [v., clothes]	repasser [vêtements]
island	île [iːl] (f.)
issue	numéro [nymero, m.] de journal
it [neuter, subj.] / - [object]	il [m.], elle [f.] / le [m.], la [f.]
jack [for lifting a car]	cric [m.]
jacket [men's] / - [women's]	veston [m.] / jaquette [f.]
jam [n.] / - [v.]	confiture [f.] / coincer
• traffic-jam	embouteillage [m.] (circulation)
jazz	jazz (V. tableau.)
jersey	tricot [m.]
jest / in -	plaisanterie [f.] / pour rire
jet	gicleur [m.]
• jet plane	avion [m.] à réaction
jetty	jetée [f.]
job	travail [travaːj]; emploi [m.]; affaire [f.]
join	joindre; retrouver; se joindre à
journey	voyage (V. tableau.); parcours [m.]
joy	joie [ʒwa] (f.)
juice	jus [ʒy] (m.)
jumper	tricot [m.]
just	juste; récemment
• just now	à l'instant
keen	aigu [ɛgy]; vif; ardent
keep (kept, kept)	garder; tenir; empêcher; suivre
• to keep to the right	tenir sa droite
• to keep on	continuer de
keeper / - [cloak-room]	gardien / préposé [m.]
key	clef [f.]
kind [n.] // kind [adj.]	sorte; nature [f.] // gentil [ʒãti]
kitchen [room]	cuisine [kɥizin] (f., lieu)
knife	couteau [kuto] (m.)
knob [door, set]	bouton [m.]
knock	frapper; cogner
know (knew, known)	savoir; connaître
• not to know	ignorer
knowledge	savoir [m.]; connaissance [f.]
label	étiquette [f.]

lace / - [of boots]	dentelle [f.] / lacet [lasɛ] (m.)
lack [v.]	manquer [mãke] de...
lack [n.]	manque [m.]; pénurie [f.]
lady	dame [f.]
lamb	agneau [aɲo] (m.)
landing [act] / - [plane]	débarquement / atterrissage [m.]
• landing; landing stage	débarcadère [m.]
landlady, landlord	logeuse, hôtelier
landscape	paysage [m.]
large	grand, e; vaste
last [adj.] / - but one	dernier [dɛrnje] / avant-dernier
• last night	hier soir
last [v.]	durer
lastly	en dernier lieu
late	en retard; tard
• It's getting late.	Il se fait tard.
later	plus tard; ultérieurement
• See you later.	A tout à l'heure.
latest [arrival, news]	dernier [arrivée, nouvelles]
• at the latest	au plus tard
laugh; laughter [n.]	rire [riːr] (m.)
lavatory	W.-C.; toilettes [f. pl.]
lay (laid, laid)	poser; coucher
lay-by	parking en bord de route
lead [n.] / - [for dog]	direction [f.]; laisse [lɛs] (f.)
• to take the lead	passer devant; prendre la tête
lead (led, led)	conduire; mener
leak [liquid]	fuite [fɥit] (f., liquide)
learn (learnt, learnt)	apprendre
learning	savoir [m.]; science [f.]
least (at-)	au moins; tout au moins
leave	permission [f.]
• to take leave of...	prendre congé de...
leave (left, left)	laisser [lɛse]; quitter; partir
• to leave behind [something]	oublier [quelque chose]
left	laissé; de reste
• There are two bottles left.	Il reste deux bouteilles.
left / on the -	gauche [goːʃ] / à -
• left-hand	à gauche
• left-handed	gaucher, gauchère
leg	jambe [f.]
leisure	loisirs [lwaziːr] (m. pl.)
• at leisure	à loisir
lemon	citron [m.]
less	moindre [mwɛ̃ːdr]; moins
lest	de peur que
let [auxil.]	laisser faire; permettre
• let me know	prévenez-moi [prevnemwa]
• let me see	faites-moi voir
let (let, let)	louer [donner en location]
• "to let"	à louer

level-crossing	**passage à niveau** [*m.*]
liable	**responsable; passible**
• *liable to duties*	passible de droits
licence	**permis** [*m.*]; **licence** [*f.*]
• *driving licence*	permis de conduire [*m.*]
lie (lay, lain)	**être couché**
lift	**ascenseur** [*m.*]
• *to give (s.o.) a lift*	prendre dans sa voiture
• *to thumb a lift*	faire du stop
light [adj.]	**léger; clair**
light / - [car]	**lumière** [lymjɛːr] *(f.)* / **feu; phare**
lighting	**éclairage** [eklɛraːʒ] *(m.)*
lightning	**éclair** [*m.*]
like	**semblable; comme**
• *to look like...*	ressembler à...
like [v.]	**aimer** [ɛme]
• *What do you like best?*	Que préférez-vous?
• *As you like.*	Comme vous voulez.
likewise	**de la même manière**
line	**ligne** [liɲ] *(f.)*
• *main lines* [railway]	grandes lignes [*ch. de f.*]
linen	**linge** (V. tableau.)
liner	**paquebot** [*m.*]
links	**boutons** [*m. pl.*] **de manchettes;** **terrain** [*m.*] **de golf**
lip // **lipstick**	**lèvre** [*f.*] // **rouge** [*m.*] **à -s**
listen	**écouter**
little / *a* -	**petit; peu** / un peu (de...)
• *little by little*	petit à petit
live	**vivre; habiter; loger**
liver	**foie** [fwa] *(m.)*
load [a vehicle, a camera]	**charger** [*voiture, app. phot.*]
loaf, [*pl.*] **loaves**	**pain** [*m.*] **long**
lock [a door, etc.]	**fermer à clef** [*une porte, etc.*]
lodger	**locataire** [*m.*] / **sous-locataire**
long	**long; longtemps**
• *2 feet long*	2 pieds de long
• *in the long run*	à la longue
• *a long time*	longtemps [lɔ̃tɑ̃]
• *long ago*	il y a longtemps
• *so long*	à bientôt [abjɛ̃to]
• *a long distance call* [teleph.]	une communication interurbaine
look [n.]	**regard** [*m.*]
• *to have a look*	jeter un coup d'œil
look [v.]	**regarder; paraître; sembler**
• *to look at*	regarder
• *to look after*	surveiller
• *to look for*	chercher [ʃɛrʃe]
• *to look up* (in...)	chercher [*un mot, un numéro, etc.*] (dans...)
looking-glass	**miroir** [mirwaːr] *(m.)*; **glace** [*f.*]

loose-fitting — ample
lose (lost, lost) — perdre
loss — perte [f.]
• to be at a loss — être désorienté, bien embarrassé
lost — perdu
• Lost Property Office — Bureau [m.] des objets trouvés
lot / a - of... — beaucoup / quantité de...
loud / - [noise] — sonore / fort [bruit]
• in a loud voice — à voix haute
lounge [hotel] — hall; salon [m., hôtel]
love / - [tennis] — amour [m.] / zéro [tennis]
love [v.] — aimer
low — bas [bɑ]
lower — plus bas; inférieur
lubrication [car] — graissage [m., voiture]
luck / bad - — chance [f.] / malchance
luggage — bagages (V. tableau.)
lump — morceau [mɔrso] (m., de sucre)
lunch — déjeuner [deʒœne] (m.)
luxury — luxe [m.]; de luxe
mackintosh [raincoat] — imperméable [ɛ̃pɛrmeabl] (m.)
maiden — jeune fille [f.]
mail [n., letters] — courrier [m., lettres]
mail [v.] — poster; envoyer par la poste
main — principal
major road — route [f.] à priorité
make (made, made) — fabriquer [fabrike], faire
• to make out [a cheque] — tirer [un chèque]
manager — gérant [m.]
manner — façon, manière [f.]
many — beaucoup de [bokudə]
map — plan [m.]; carte [f.]
market — marché [m.] (V. tableau.)
match — allumette
material — tissu [m.]; étoffe [f.]
matter [n.] — matière [f.]; affaire [f.]; question [f.]; [FIG.] importance [f.]

• It makes no matter. — Ça n'a pas d'importance.
• No matter! — Peu importe!
• What is the matter? — Qu'est-ce qu'il y a?
• no matter how — n'importe comment [n'ɛ̃pɔrtə-kɔmɑ̃]

• It is a matter of course. — Cela va de soi [swa].
• as a matter of fact — en réalité; en fait
• "printed-matter" [post] — « imprimés » [poste]
matter [v.] — importer; avoir de l'importance
• It does not matter. — Cela n'a pas d'importance.
may [v.] — pouvoir [v.]
me — moi [mwa]
meal — repas [rəpɑ] (m.)

136

mean	signifier; avoir l'intention
means	moyen(s) [mwajɛ̃] *(m.)*
• *By all means!*	Faites donc!
measure [tailoring]	mesures [məzyːr] *(f. pl., tailleur)*
• *made-to-measure*	fait sur mesure (V. aussi tableau POIDS ET MESURES.)
meat	viande [vjãːd] *(f.)*
medium [quality]	moyen [*adj., qualité*]
meet (met, met)	rencontrer; joindre
men [pl.]	hommes [ɔm] *(pl.)*
• *"Men at work"* [road]	« Travaux » [*route*]
• *"Men's room"* [for men]	W.-C. [*messieurs*]
mention	mentionner
• *Don't mention it.*	Il n'y a pas de quoi.
menu	menu (V. tableau.)
middle	milieu [*m.*]
middling	très moyen; passable
midnight	minuit [minɥi] *(m.)*
mild	doux, douce
mile	mille [*m.* — 1 609 m]
milk	lait [lɛ] *(m.)*
mind	esprit [ɛspri] *(m.)*, raison [f.]; avis [*m.*]; opinion [f.]
• *to change one's mind*	changer d'idée
• *to make up one's mind*	se décider
• *to my mind*	à mon avis
• *Mind your feet!*	Gare à vos pieds!
• *I don't mind.*	Cela m'est égal.
• *Never mind!*	Tant pis!; Cela ne fait rien!
Miss	Mademoiselle [f.]
miss [v.]	manquer
• *to miss the train*	manquer le train [mãkelətrɛ̃]
• *I miss you.*	Vous me manquez.
• *to miss an opportunity*	perdre une occasion
mist	brume [f.]
mistake (mistook, mistaken)	se méprendre
• *to make a mistake*	se tromper
• *to mistake for...*	prendre pour...
misunderstanding	malentendu; méprise [f.]
money	argent (V. tableau.)
• *money-order*	mandat [m.]
month	mois (V. tableau.)
moon	lune [lyn] *(f.)*
moped	vélomoteur [m.]
more	plus; davantage
• *more and more / no more*	de plus en plus / plus rien
moreover	en outre; d'ailleurs
morning	matin [matɛ̃] *(m.)*
most // at most	la plupart // au maximum
mother	mère [mɛːr] *(f.)*
motor-cycle	motocyclette [f.]

mouth / - [river]	bouche [buʃ] *(f.)* / estuaire [m.]
move	se mouvoir; bouger
movie [*U.S.*] / movies [*U.S.*]	film [m.] / cinéma [m.]
• *movie-camera*	caméra [f.]
Mr.; Mrs.	Monsieur; Madame
much	beaucoup [boku]
• *as much as possible*	le plus possible
• *How much?* [price]	Combien? [*prix*]
• *So much the better!*	Tant mieux!
• *twice as much*	deux fois plus
mudguard	garde-boue [gardəbu] *(m.)*
museums	musées (V. tableau.)
must	falloir [falwaːr]; devoir
my	mon, ma, mes [mɔ̃, ma, mɛ]
myself	moi-même; me
nail	ongle [ɔ̃ːgl]; clou [m.]
name	nom; prénom [m.]
napkin [at table]	serviette [sɛrvjɛt] *(f., de table)*
narrow	étroit [etrwa]
naught	zéro [m.]
near / *quite -*	près / tout -
nearest	le plus près
nearly	presque
neat	propre; pur; sec; sans eau
neck-tie	cravate [f.]
need [n.]	besoin [bəzwɛ̃] *(m.)* ; nécessité [f.]
• *if need be*	s'il y a lieu
need [v.]	avoir besoin de; être obligé de
neither / - ... nor	ni [ni] / ni... ni
nephew	neveu [m.]
neutral (in)	(au) point mort
never	jamais [ʒamɛ]
new	nouveau; neuf
newly-weds (the)	(les) nouveaux mariés
news [*sg.*]	nouvelles [f. pl.]
• *Here is the news.*	Voici les nouvelles [*radio*].
• *What news?*	Quoi de neuf? [kwadənœf]
• *news-stand*	kiosque [m.] à journaux
newspaper	journal (V. tableau JOURNAUX.)
next	suivant [sɥivɑ̃]; prochain
• *next door / next to*	voisin / contigu à
• *See you next time!*	A la prochaine fois! [fwa]
nice	gentil; sympathique; agréable; joli; bon [bɔ̃]
night	nuit [nɥi] *(f.)*
• *last night*	hier soir; la nuit dernière
night-club	boîte [f.] de nuit
nil [sport]	zéro [*sport*]
no	non [nɔ̃]; aucun
nobody	personne
noise	bruit [brɥi] *(m.)*

none	aucun, aucune [okœ̃, okyn]
non-stop [train] / - [plane] / - [show]	direct [*train*] / sans escale [*vol*] / permanent [*spectacle*]
nor	ni (V. NEITHER.)
north	nord
nose	nez [ne]
not	pas [pa]; ne... pas
• *not at all*	pas du tout; nullement
note [n.] / - [v.]	note, lettre, billet / noter
nothing	rien [rjɛ̃]
notice [n.]	avis [*m.*]; affiche; notice [*f.*]
• *at short notice*	à bref délai
notice [v.]	remarquer
nought	zéro [*m.*]
noun [gramm.]	nom (V. tableau.)
novel	roman [*m.*]
now [adv.] / - [conj.]	maintenant [mɛ̃tnɑ̃]; or
• *now and then*	de temps en temps [dətɑ̃zɑ̃tɑ̃]
• *right now / up to now*	tout de suite / jusqu'ici
nowhere	nulle part
nozzle [car]	gicleur
number / - [tel.]	nombre *(m.)* [V. tableau.]; numéro [*m.*, *tél.*]
numerous	nombreux [nɔ̃brø]
nurse	infirmière [*f.*]; garde-malade
nut	écrou [*m.*]; noix [nwa] *(f.)*
Nylon / nylons [*pl.*]	Nylon [*m.*] / bas [*m. pl.*] en Nylon
O [letter] / - [tel.]	O [*lettre*] / zéro [*m.*, *tél.*]
oblige [v., compell] / - [favour]	obliger; rendre service
obtain	obtenir; se procurer
obvious	évident [evidɑ̃]
occasion	occasion; circonstance [*f.*]
occupy	occuper
o'clock	heure (V. tableau.)
of	de
off [removal] / - [ship]	de [*éloignement*] / au large de [*bateau*]
• *day off*	jour de congé [ʒuːr də kɔ̃ʒe]
• *well-off*	aisé; qui a de l'argent
offence	froissement [frwasmɑ̃] *(m.)*
• *Don't take offence.*	Ne vous formalisez pas.
offer	offrir
office [room]	bureau [byro] *(m., chambre)*
often	souvent [suvɑ̃]
oil	huile [*f.*]; pétrole brut [*m.*]
old	vieux, vieille [vjø, vjɛːj]
old-fashioned	vieux jeu; démodé
on	sur; plus tard; plus avant
once / - a week	une fois / - par semaine
• *at once*	immédiatement, tout de suite

one	un [œ̃]; celui
• *the one you like*	celui [səlɥi] que vous voudrez
only	seul; seulement
open [adj.]	ouvert
open [v.]	ouvrir
opportunity	occasion [f., *favorable*]
oppose	opposer
opposite / - *to...*	en face; vis-à-vis / - de...
or	ou; ou bien
order	ordre [m.]; commande [f.]
• *to carry out an order*	exécuter [ɛgzekyte] un ordre
• *in order that*	afin que [afɛ̃kə]
• *in order to*	afin de
• *out of order*	en mauvais état; en panne
ordinary	ordinaire; habituel; commun
other	autre
otherwise	autrement [otrəmɑ̃]; sinon
our	notre [nɔtr]; nos [no]
ours	le nôtre, la nôtre, les nôtres
ourselves	nous [nu]; nous-mêmes
out / - [fire]	dehors [dəɔːr]; achevé; absent / éteint [*feu*]
outdoors	au-dehors [odəɔːr]; en plein air
outfit	nécessaire [m.]; équipement [m.]
outlay	dépenses; mise [f.] de fond
outlook	perspective; manière de voir
outside	extérieur
outward (journey, voyage)	(voyage) d'aller
over	au-dessus [odəsy]; de l'autre côté; en plus; terminé; en excès; trop
• *over there*	là-bas [labɑ]
overcoat	pardessus [m.]
overdone	trop cuit [trokɥi]
overnight	du jour au lendemain
• *to stay overnight*	passer la nuit
overtake [car]	dépasser; doubler [*voiture*]
owe	devoir [dəvwaːr] *(argent)*
owing to ...	dû à; à cause de; vu...
own	propre; à soi
pack	paquet [pakɛ] *(m.)*
packing	emballage [m.]
pack up	faire sa valise [valiːz]
page-boy	groom [m.]
pain	peine; douleur [f.]
paint	peinture [f.]
pair	paire [f.]
pale	pâle [pɑːl]; blême
paper	papier [papje] *(m.)*; journal [m.]
• *wrapping paper*	papier d'emballage

papers	papiers [*m. pl.*] **d'identité** (V. tableau.)
parasol	ombrelle [*f.*]
parcel	paquet, colis [*m.*]
parent	père ou mère
parents	les parents [*père et mère*]
park [v., car]	stationner [stasjɔne] *(voiture)*
parking	parking; parcage [*m.*]
• *parking lights*	feux [fø] *(m. pl.)* de position
parkway [U.S.]	autoroute [*f.*]
part [n.]	partie; part [*f.*]
part [v.]	(se) séparer [separe]; diviser en deux parties
particular	personnel; particulier; spécial
particulars	détails [detaj]; renseignements (V. tableau.)
partly	en partie; partiellement
party	groupe [*m.*]; réunion [*f.*]
• *third party insurance*	assurance aux tiers [tjɛːr]
pass	laissez-passer
passage	couloir; traversée [*f.*] *(voyage)*
passenger [train, plane] / - [boat]	voyageur [*m.*] / passager [*m.*]
past	passé [*m.*]
pastry [cake]	pâtisserie
patch	morceau [*m.*]; pièce [*f.*]
path	sentier [sãtje] *(m.)*; allée [*f.*]
pavement	trottoir [*m.*]
pay (paid, paid)	payer
• *to pay cash*	payer en espèces
pay-desk	caisse [*f.*]
payee	bénéficiaire [*m.*]
paying guest	hôte payant; pensionnaire
payment	paiement [*m.*]
• *cash payment*	paiement comptant
peace	paix [pɛ] *(f.)*
peach	pêche [*f.*]
pear	poire [pwaːr] *(f.)*
peas(e)	pois [pwa] *(m. pl.)*
pedal	pédale [*f.*]
pedestrian	piéton [pjetɔ̃] *(m.)*
pen	plume [plym] *(f.)*
pencil	crayon [krɛjɔ̃] *(m.)*
pension [fully inclusive]	pension *(complète)*
people	gens [ʒɑ̃] *(m. pl.)*
per / *10 - 100*	pour / 10 pour 100
permit [v.]	permettre
permit [n.]	autorisation
peroxided [hair]	décoloré [dekɔlɔre] *(cheveux)*
perspiration	transpiration [*f.*]
petrol	essence [*f.*]
phone [FAM.]	téléphone; téléphoner

FRENCH : PHONETIC TRANSCRIPTION

Sign	French type	Nearest english sound	Explanation
[i]	if - y	if	Longer than English *i*
[i:]	mise - île	peas - eel	Shorter than English *ea, ee*
[e]	été		
[ɛ]	bec - fait - reine rayer - gras- seyer - procès	set	French sounds more open
[ɛ:]	terre - père - tête traîne - treille	bear - tearing	Without the English *r*
[a]	bague	bag	Longer than English *a* in bag
[a:]	rare - tard	café	Longer
[α]	tas - âgé	father	Shorter
[α:]	pâle	palm	
[ɔ]	bosse - octave	boss - octave	Closer
[ɔ:]	port	or	
[o]	dos - auto - beau	November	
[o:]	fosse - rôle - aube heaume	law	Shorter and much closer
[u]	tout - goutte	put	Longer
[u:]	cour	pool - too	
[y]	cru - plus		Germain *ü*
[y:]	mur - sur - eurent		
[ø]	peu - vœu - eux	earth	Closer. With the lips well rounded
[ø:]	veule	third	Closer and longer
[œ]	bœuf - neuf	up - but	Closer
[œ:]	fleur - cœur	bird - cur	Longer and closer
[ə]	le - regain	abed	
[j]	piano - bâiller - rayon	yes - yet	
[ks]	axe - succès	axe - success	
[gz]	examen - exalter	exalt	

FRENCH : PHONETIC TRANSCRIPTION (*suite*)

Sign	French type	Nearest english sound	Explanation
[iːj]	fille		
[ɛːj]	pareil - treille		
[aːj]	rail - caille		Diphtongs with [j] semi-consonant as in *yes*
[ɑːj]	bâille		
[œːj]	œil - accueil - feuille		
[wa]	oiseau - ouate	wag	
[g]	gare - gorge - guitare	gorge - guitar	
[ʒ]	genou - gibet - gynécée	pleasure	
	jardin - jouet - jeune	adjoin	
[k]	qui - cave - coq - cumin	kiss - can - come cumin	
[l]	lait - lion	lay	Lighter and clearer
[r]	ravir - roue	ravish	a slightly rolled English *r*
[ʃ]	chat - chéri	sherry	
[s]	ce - cime - cyprès salle - site - soir	seem sit	
[z]	zèbre - raison - deuxième	zebu - position xenon	
[ɥ]	huile		
[ɲ]	champagne	convenient	the *ni* of convenient
[ɛ̃]	pain - rein - faim - vin - coin		
[ɛ̃ː]	craindre - peindre		
[ɑ̃]	ambigu - flanc en - rempart		Nasal sounds, best described as the sounds : [ɛ], [ɑ], [ɔ], [œ] uttered while keeping the passage between throat and nose closely shut.
[ɑ̃ː]	ample		
[ɔ̃]	oncle - plongeon		
[ɔ̃ː]	nombre - onde		
[œ̃]	un - jeun parfum		
[œ̃ː]	humble		

The consonants *p, t, k, b, f, d, m, n, s, z* correspond to the equivalent English sounds. In French, however, *p, t, k* are not aspirate.
STRESS.
Stress is not indicated in the English-French phonetic transcription.

photo; photograph	**photo; photographie** (V. tableau.)
pick up	**ramasser**
picture	**image; tableau** [*m.*]; **photo** [*f.*]
pictures (moving)	**cinéma** [*m., film*]
piece	**pièce** [*f.*]; **morceau** [*m.*]
• *to take to pieces*	**démonter**
pier [harbour]	**jetée** [*f.*]; **quai** [*m., port*]
pillar-box	**boîte aux lettres** [bwatolɛtr]; **borne** [*f.*] **postale**
pillow	**oreiller** [*m.*]
pilot [ship, plane]	**pilote** [*m., bateau, avion*]
• *pilot-lamp*	**lampe témoin**
• *pilot-light*	**veilleuse** [vɛjøːz]
pin	**épingle** [epɛ̃ːgl] *(f.)*
pint	**pinte** [*f.*, 0,56 litre]
place	**lieu** [ljø]; **endroit** [*m.*]
• *to take place*	**avoir lieu**
place / - [an order]	**placer** [plase]; **passer** [*un ordre*]
plane [aeroplane]	**avion** [*m.*] (V. tableau.)
platform [railway]	**quai** [*m., ch. de f.*]
play [n.] // **play** [v.]	**jeu** [*m.*] // **jouer** [ʒue]
pleasant	**agréable; aimable**
please	**s'il vous plaît**; [abr. = **S.V.P.**]
pleased	**satisfait**
pleasure	**plaisir** [*m.*]
plenty [adv.] / - [n.]	**largement** / **abondance** [*f.*]
plug (sparking-)	**bougie** [buʒi] *(f., voiture)*
P.M. = **post meridiem**	**de l'après-midi**
pocket	**poche** [pɔʃ] *(f.)*
point	**point** [*m.*]; **prise** [*f.*] **de courant**
policy	**politique** [*f.*]
• *insurance policy*	police d'assurance [*f.*]
• *all-inclusive policy*	assurance [*f.*] tous risques
polish [shoes] / - [floor]	**cirage** [*m.*] / **encaustique** [*f.*]
polish [v.]	**cirer** [sire]
polite // **politely**	**poli** // **poliment** [pɔlimã]
pop in	**passer** [*chez qqn*]; **ne faire qu'entrer et sortir**
pork [meat]	**porc** [pɔːr] *(m., viande)*
port [harbour] / - [wine]	**port** [*m.*] / **porto** [*m.*]
porter [railways] / - [building]	**porteur** [*m., ch. de f.*] / **portier** [*m.*]; **concierge** [*m.*]
port-hole	**hublot** [*m.*]

post [job] / - [mail]	poste [*m.*] / poste [*f.*]
post [v., mail]	poster
postcard	carte postale [*f.*]
postman	facteur
postpone	remettre; ajourner
potato, [*pl.*] potatoes	pomme de terre [*f.*]
pound [money and weight]	livre [*f., argent et poids* = 453,5 *g*]
pour	verser
power	puissance [pɥisɑ̃ːs] *(f.)*
practice	pratique [*f.*]; habitude [*f.*]
prepaid	payé d'avance
present	cadeau [kado] *(m.)*
press	donner un coup [ku] de fer
pressure [tyre]	pression [*f., pneu*]
pretty	joli, e
prevent	empêcher
previous	antérieur; précédent
price	prix [pri] *(m.)*
print [n., photo]	épreuve [eprœv] *(f., photo)*
print [v.]	imprimer
private	particulier; privé
process [v.] / - [photo]	traiter / développer [*photo*]
progress [n., development]	cours [kuːr] *(m.)* ; progrès [*m.*]
promise [v.] // promise [n.]	promettre // promesse [*f.*]
pronunciation	prononciation (V. tableau.)
proof	preuve [*f.*]; épreuve [*f.*]
property	propriété [prɔpriete] *(f.)*
prove	prouver
provided that...	pourvu que...
public / - *notices*	public / avis au - (V. tableau.)
pull	tirer [tire]
pull-in	parking au bord de la route
pull up [car]	s'arrêter [*voiture*]
pump	pompe [*f.*]
punctual	ponctuel
puncture [tyre]	crevaison [*f., pneu*]
purchase	achat *(m.)* [V. tableau.]
purpose	propos; dessein; objet [*m.*]
purse	porte-monnaie [*m.*]
push	pousser
put (put, put)	mettre, placer
• *put on* [to don]	mettre, prendre
• *put off* [to postpone]	remettre [*à plus tard*]; décourager
• *put out*	éteindre; gêner; dérouter
• *put up*	loger [loʒe]; coucher
quarrel [v.]	se disputer
quarter	quart [kaːr] *(m.)* ; quartier [*m.*]
• *a quarter of an hour*	un quart d'heure
• *a quarter past twelve*	midi et quart

• *a quarter to twelve*	midi moins le quart
queue	**queue** [kø]; **file** [*f.*] **d'attente**
• *To queue up*	faire la queue
quick	**rapide**
quiet [adj.]	**silencieux; calme; doux** [*animal*]
quite	**tout à fait; complètement**
• *Quite so!*	Parfaitement!
railroad [U.S.]	**chemin de fer** [ʃəmɛ̃dəfɛːr] *(m.)*
railway	**chemin de fer** [*m.*]
rain [n.] // - [v.]	**pluie** [plɥi] *(f.)* // **pleuvoir**
raincoat	**imperméable** [ɛ̃pɛrmeabl]
random (at -)	**au hasard**
rare / - [U.S.]	**rare** / **peu cuit** [*U.S.*]
rate	**taux; tarif** [*m.*]; **proportion** [*f.*]
• *at any rate*	en tout cas [ɑ̃tukɑ]
rather	**plutôt; assez**
• *I had rather...*	J'aimerais mieux; je préférerais...
razor	**rasoir** [razwaːr] *(m.)*
reach	**atteindre** [atɛ̃ːdr]
read (read, read)	**lire; étudier**
ready / *to get* -	**prêt** / **se préparer**
realize	**se rendre compte; comprendre**
rear	**arrière**
receipt	**reçu** [*m.*]; **quittance** [*f.*]
receive	**recevoir**
receiver [of a letter] / - [teleph.]	**destinataire** / **récepteur** [*m., tél.*]
recharge [a battery]	**recharger** [*une batterie*]
reckon	**calculer; compter** [kɔ̃te]
record / - [sports]	**disque** [*m.*] / **record** [*m., sports*]
red	**rouge** [ruːʒ]
refreshment	**nourriture et boisson**
• *refreshment room*	buffet
refusal	**refus** (V. tableau.)
regard [v.]	**tenir compte de; considérer**
• *as regards*	en ce qui concerne; quant à
regards [pl.]	**amitiés** [*f. pl.*]; **respects** [*m. pl.*]
• *my kind regards to...*	mes amitiés à...; mon bon souvenir à...
register	**enregistrer; recommander**
registered letter	**lettre recommandée**
regret	**regretter**
regulations	**règlements** [*m.pl.*]
relative	**parent** [*m.*]
reliable	**sûr** [syːr]; **digne de confiance**
rely on...	**compter sur...** [kɔ̃tesyːr]
remain	**rester**
remember	**se rappeler; se souvenir**
remind	**faire penser à...**
remove	**déménager; enlever**
renew	**renouveler**
reply	**répondre**

reproach [v.]	faire des reproches
requests	désirs exprimés (V. tableau.)
reserve	réserver
resident [house]	habitant [m., d'une maison]
respect	respect [m.]
• in all respects...	sous tous les rapports...
respectable	respectable; honnête; convenable
rest / to take a -	repos [rəpos] (m.) / se reposer
restaurant	restaurant (m.) [V. tableau.]
restroom [U.S.]	toilette [twalɛt] (f.) [V. tableau.]
result	résultat [m.]; effet [m.]
retail	vendre au détail
retrace one's steps	rebrousser chemin
return // - [v.]	retour [m.] // retourner
• return ticket	billet d'aller et retour
reverse [car]	faire marche arrière
ribbon	ruban [rybã] (m.)
rice	riz [ri] (m.)
rich [adj.]	riche; luxueux / nutritif
• too rich [food]	lourd [aliments]
ride [horse, car, bicycle]	promenade (V. tableau.)
• ride [bus]	trajet [traʒɛ]
• to go for a ride	aller se promener
right [adj.]	droit [drwa]; juste; exact
• You are right.	Vous avez raison.
• right side	endroit [m., opposé de l'envers]
• all right	d'accord; en bon état
right [adv.]	droit; directement
• right away; right now	tout de suite
• right here	ici même
right [n.]	droit [m.]; droite [f.]
• to have a right to...	avoir le droit de...
• on the right	à droite
• to the right	vers la droite [vɛrladrwat]
rim [of a wheel]	jante [f., d'une roue]
ring (rang, rung)	sonner
• to ring up, off	téléphoner, raccrocher
ripe	mûr [myːr]
rise (rose, risen)	se lever [sələve]; monter
road / "Road up"	route [f.] / « Travaux » [travo]
roast	rôti [m.]
room	salle; chambre; place [f.]
• double room	chambre à deux lits
• single room	chambre à un lit
• standing room	place debout
round	rond; autour [otuːr]
round-about	sens giratoire; rond-point [m.]
route	itinéraire; parcours [m.]
rub	frotter; frictionner [friksjɔne]
rubber	caoutchouc [kautʃu] (m.)

rule	**règle** [f.]
• *as a rule*	en général, en règle générale
run (ran, run)	**courir**
• *run down* [battery]	déchargée [*batterie*]
• *to run out of...*	manquer de...
• *to run out of petrol*	avoir une panne d'essence
runway	**piste** [f.] **d'envol**
safe [adj.]	**sauf**
• *to be on the safe side*	par précaution; pour ne pas prendre de risques
safety	**sécurité** [f.]
• *safety belt*	ceinture [sɛtyːr] *(f.)* de sécurité
sail [n.]	**voile** [vwal] *(f.)*
sail [v.] / - [steamship]	**naviguer** [navige] / **partir**
sailing [ship] / - [skill]	**départ** / **navigation**
sale // **salesgirl**	**vente** [f.] // **vendeuse**
sales [selling]	**soldes** [m. pl.]
salt	**sel** [m.]
same	**même** [mɛːm]
• *It's all the same to me.*	Ça m'est égal.
Santa Claus	**Père Noël** [m.]
satisfied	**satisfait; convaincu**
save	**économiser; gagner** [*temps*]
say (said, said)	**dire**
• *that is to say*	c'est-à-dire [sɛtadiːr]
• *I say!*	Dites donc!
scarcely	**à peine**
scarf, [pl.] **scarves**	**écharpe** [f.]; **foulard** [m.]
scent	**parfum** [m.]
schedule [U.S., time-table]	**horaire** [ɔrɛːr] *(m.)*
Scotch; Scottish	**écossais, e** [*adj.*]
Scotsman (-woman)	**Écossais, e** [n.]
screen	**écran** [ekrɑ̃] *(m.)*
screw [n.] / - [v.]	**vis** [n.] / **visser** [v.]
sea	**mer** [mɛːr] *(f.)*
• *to be sea-sick*	avoir le mal de mer
seam [result]	**couture** [f., le résultat]
seaside resort	**station balnéaire** [f.]
seat	**siège** [sjɛːʒ] *(m.)*; **banquette** [f.]
second-hand	**d'occasion**
see (saw, seen)	**voir** [vwaːr]
• *see you at* 12.00	rendez-vous à midi
• *See you tomorrow!*	A demain ! [adəmɛ̃]
• *I'll see you home.*	Je vais vous raccompagner (jusque chez vous).
• *I'll see to it.*	Je vais m'en occuper.
seek (sought, sought)	**chercher; rechercher**
seem	**sembler** [sɑ̃ble]; **paraître**
seldom	**rarement**
self-drive car	**voiture louée sans chauffeur**
self-service	**libre-service** [*restaurant*]

sell (sold, sold)	vendre
send (sent, sent)	envoyer; expédier
sense	signification [*f.*]; sens [*m.*]
serve	servir
service [charge]	service [*m.*]; pourboire [*m.*]
set (set, set)	mettre; placer
setting (hair-)	mise [miːz] *(f.)* en plis
settle	s'installer; se fixer; payer une note
• *to settle on*	se décider pour; fixer son choix
severe	grave
sew on [a button]	coudre [*un bouton*]
sewing [act]	couture [*action*]
shade	ombre; pénombre [*f.*]; ombrage
shadow	ombre; silhouette [*f.*]
shape	forme [*f.*]
share	portion; part [*f.*]
share (out)	partager
sharp	aiguisé [ɛgɥize]; tranchant; vif
• *sharp* [photo]	net, nette [*photo*]
shave; to have a shave	se raser; se faire raser
shaving-brush	blaireau [blɛro] *(m.)*
• *shaving-soap*	savon [*m.*] à barbe
she [subject]	elle [ɛl]
sheet [bed linen]	drap [dra] *(m.)*
sheet [paper]	feuille [*f., papier*]
shine (shone, shone)	briller [brije]
ship	navire; bateau *(m.)* [V. tableau.]
shirt	chemise [*f.*]
• *shirt-maker*	chemisier [*m.*]
shoe	chaussure [ʃosyːr] *(f.)*
shoeblack	cireur [*m.*]
shoemaker's / - [cobbler]	marchand de chaussures / cordonnier
shooting	chasse [*f.*] au fusil; prise [*f.*] de vues [*cinéma*]
shop	boutique [*f.*]
• *shop-window*	devanture; vitrine [*f.*]
• *shop-girl*	vendeuse [*f.*]
shopkeeper	commerçant [*m.*]
shopping	achats (V. tableau.)
• *to go shopping*	faire ses courses
shore	rivage [*m.*]; côte [*f.*]
short	court [kuːr]
• *short-circuit*	court-circuit [*m.*]
• *short-sighted*	myope [mjɔp]
• *to be short of...*	manquer de...
shortly	d'ici peu
show (showed, shown)	montrer; faire voir; indiquer
shower	averse [*f.*]; douche [*f.*]
shrink (shrank, shrunk)	rétrécir
shut (shut, shut)	fermer

sick // sickness	malade // maladie (V. tableau.)
• *to be sea-sick*	avoir le mal de mer
side	côté [m.]
• *near-side* [of the road]	côté gauche [*en Angleterre*]
• *off-side* [of the road]	côté droit [*en Angleterre*]
• *side-lights* [car]	feux de position
sidewalk [U.S.]	trottoir [m.]
sightseeing	promenade en ville (V. tableau.)
sign [v.] // signal	signer // signal [m.]
sign-post	poteau indicateur [m.]
• *sound-signal* [car]	avertisseur [m., *voiture*]
silencer [car]	silencieux [silãsjø] *(m., voiture)*
silent [adj.]	silencieux [*adj.*]
silk	soie [swa] *(f.)*
since	depuis; puisque
single	simple; seul; célibataire
• *single ticket*	aller [m.] simple
sister	sœur [sœːr] *(f.)*
sit (sat, sat)	être assis
• *to sit down*	s'asseoir [saswaːr]
site	site⁻ [sit] *(m.)*
size	taille [tɑːj]; pointure (V. tableau.)
ski	ski [m.]
• *ski-lift*	remonte-pente [rəmɔ̃tpɑ̃ːt] *(m.)*
skid	déraper
skill	habileté; adresse [f.]
skin	peau [f.]
• *skin-diving*	plongée [f.] sous-marine
skirt	jupe [f.]
sky	ciel [m.]
sleep (slept, slept)	dormir
• *to go to sleep*	s'endormir
sleeping-car	voiture-lit [f.]
sleepy / *to feel -*	somnolent / avoir sommeil
sleeve	manche [f.]
slide [colour]	diapositive [f.]
slight	léger
slope	pente [pɑ̃ːt] *(f.)*
slow // slow down; - up	lent [lɑ̃] // retarder; ralentir
• *My watch is slow.*	Ma montre retarde.
slush	neige fondue [f.]
smell [n.] // smell (smelt, smelt)	odeur [f.] // sentir [*odorat*]
smog	brouillard [m.] chargé de fumée
smoke [n.] // smoke [v.]	fumée [f.] // fumer
smoker	fumeur [fymœːr] *(m.)*; compartiment [m.] de fumeurs
smoke-room	fumoir [m.]
smooth / - [sea]	lisse / calme [*mer*]
snack	casse-croûte [m.]
• *to have a snack*	manger sur le pouce, en vitesse

snag	hic [m.]; inconvénient [m.]
• *The snag is that...*	L'ennui, c'est que...
snow [n.] // snow [v.]	neige [nɛɪʒ] *(f.)* // neiger
so	ainsi [ɛ̃si]; de cette manière
• *so as to*	pour que
• *and so on*	ainsi de suite
• *So long!*	À bientôt!
soap	savon [savɔ̃] *(m.)*
soft	doux [du]
some	quelque; du, de la, des
• *some more*	encore [*un peu*]
somebody	quelqu'un [kɛlkœ̃]
somehow	tant bien que mal
something	quelque chose
sometimes	quelquefois
somewhat	un peu; légèrement
somewhere	quelque part
son	fils [fis] *(m.)*
song	chant [m.]; chanson [f.]
soon / *as soon as*	bientôt / dès que
sore	endolori; irrité
sorry / *Sorry!*	navré; fâché de / Pardon!
sort	sorte [f.]
soup	soupe [f.]; potage [m.]
south	sud [m.]
spa	station thermale [f.]
space	espace [m.]; place [f.]
sparking-plug [car]	bougie [buʒi] *(f., voiture)*
speak (spoke, spoken)	parler
• *speak up / so to speak*	parler fort / pour ainsi dire
spectacles	lunettes [lynɛt] *(f. pl.)*
speech	parole [f.]
speed [n.] / *at top -*	vitesse [f.] / à toute -
speed [v.]	faire de la vitesse
speedometer	indicateur [m.] de vitesse
spell (spelt, spelt)	épeler
spelling	orthographe [f.]
spend (spent, spent)	dépenser; passer [*les vacances, etc.*]
spirits	alcool [m.]; spiritueux [m. pl.]
spite / *in - of*	rancune / malgré
spoon	cuiller [kɥijɛːr] *(f.)*
sport	jeu [m.] de plein air; sport (V. tableau.)
• *a sport*	un chic type [tip]
• *sports-car*	voiture [f.] de sport
• *sports-wear*	vêtement [m.] de sport
sportsman	sportif; amateur de sports; chasseur; pêcheur [m.]
spot	lieu [m.]; tache [f.]
spring	printemps
staff [hotel]	personnel [*hôtel*]

stair / -s	marche [f.] / escalier [m.]
stamp	timbre [tɛːbr] (m.)
stand (stood, stood)	être debout; supporter
• to stand up	se lever, se mettre debout
start	sursauter [syrsote]; partir
• to start off	se mettre en route
starter	démarreur [m.]
starting	mise en marche, mise en route
state [n.] // state [v.]	état [m.] // exposer; formuler
statement	relevé [m., de compte]
stateroom [ship]	cabine [f.]
station [railway] / - [tube]	gare [gaːr] (f.) / station [f., métro]
stay	rester; demeurer
steamer	paquebot [m.]
step	pas [pɑ] (m.)
still	encore [ɑ̃kɔːr]; toujours
stink (stank, stunk)	sentir mauvais
stipulated [time]	prescrit [temps]
stocking	bas [bɑ] (m.)
stomach	estomac [ɛstɔma] (m.)
stop	(s')arrêter; boucher
stopper	bouchon [m., en verre]
store / - [U.S.]	provision; réserve / boutique [f.]
stores	grand magasin [m. sing.] (V. tableau MAGASINS.)
story	histoire [f.]; récit [m.]
stout [beer]	« stout » [bière brune et forte]
stove	réchaud [reʃo]; poêle [pwal] (m.)
straight	droit; directement
street	rue [ry] (f.)
stress	accent [m.]; insistance [f.]
string [twine] / - [instrument]	ficelle [f.]; corde [f.]
strip (landing-)	piste d'atterrissage
strive (strove, striven)	s'efforcer
stroll	flâner; se promener
strong	fort; solide
stub [of cheque, U.S.]	talon [m., de chèque]
stud [on a shirt]	bouton [m., d'une chemise]
student	étudiant
study [n.] // study [v.]	étude [f.] // étudier
stuffy / - [air]	confiné / lourd [luːr] (air)
style	style [stil] (m.); chic [m.]
stylish	chic; élégant
subject to... [duties]	passible de... [droits]; sujet à...
suburb / - [pl.]	faubourg [m.] / banlieue [f.]
subway [U.S.]	passage souterrain; métro
such	tel, telle [tɛl]
suddenly	soudain [sudɛ̃]; tout à coup
sufficient	suffisant
sugar	sucre [sykr] (m.)
suit [for men] / - [for women]	costume [m.]; tailleur [m.]

152

suit [v., garment]	convenir; aller [*vêtement*]
suitable	convenable; adapté
suitcase	valise [*f*]
sum	somme [*f.*]
summer	été [*m.*]
sun	soleil [*m.*]
sunburn	hâle [*m.*]; coup de soleil [*m.*]
sunshade / - [for tables]	ombrelle [*f.*] / parasol [*m.*]
supple	souple
supplies	provisions [*f. pl.*]
sure	sûr [sy:r]; certain
surname	nom [*m.*] de famille
surprise	surprendre; étonner
surroundings	environs; alentours [*m. pl.*]
suspenders [for women] / - [for men]	jarretelles [ʒartɛl] *(f. pl.)*; fixe-chaussettes [fiksʃosɛt] *(m. pl.)*
swear (swore, sworn)	jurer; prêter serment
sweater	pull-over [*m.*]
sweet [n.] / - [adj.]	dessert [dɛsɛ:r] *(m.)* // sucré
swim (swam, swum)	nager
swimming	natation [natasjɔ̃] *(f.)*
swimsuit	maillot [majo] *(m.)* de bain
switch [electricity]	interrupteur [*m.*]
• *to switch off* [electr.]	éteindre [etɛ̃dr] *(électr.)*
• *to switch on*	allumer [*électr.*]; mettre en marche [*voiture*]
table d'hôte	menu [*m.*] à prix fixe
tablet	comprimé [*m.*]
take (took, taken) / *to take away*	prendre / enlever
• *to take care*	faire attention, prendre garde
• *to take in* [car]	rentrer [*voiture*]
• *to take off* [garment]	ôter [*vêtement*]
• *to take out* [luggage]	retirer [*bagages*]
talk [n.]	conversation [*f.*]
talk [v.]	parler; bavarder
tall [person] / - [thing]	grand [*personne*]; haut [*chose*]
tap	robinet [rɔbinɛ] *(m.)*
tape / *tape-recorder*	ruban [*m.*] / magnétophone [*m.*]
taste [v.]	goûter [gute]
tax / *purchase-tax*	taxe [*f.*] / - de luxe
• *visitor's tax*	taxe de séjour
taxi	taxi (V. tableau.)
tea	thé; goûter [*m.*]; pique-nique [*m.*]
• *to have tea* •	prendre le thé
teashop; tea-room	salon de thé [*m.*]
telephone	téléphone (V. tableau.)
tell (told, told)	dire; raconter
temper	humeur [*f.*]
• *in a bad temper; out of temper*	en colère
temperature	température [tãperaty:r] *(f.)*; fièvre

ten	dix [dis]
tepid	tiède [tjɛd]
terminal	terminus [m.]
Terylene	Tergal [m.]
test [v.]	vérifier
• *to test the pressure* [tyres]	vérifier le gonflage [*pneus*]
Thank you!	**Merci!** (V. REMERCIEMENTS.)
that, [pl.] **those**	**ce, cet, cette, ces** [sə, sɛt, sɛt, sɛ]
• *that*	qui, que [kɪ, kə]
• *that one*	celui-là
the [art.]	le, la, les [*art.*]
their	leur, leurs
theirs	le leur [lə lœːr], la leur, les leurs
them	les, eux, elles [lɛ, ø, ɛl]
then	puis [pɥi]; alors
there	là, y, en ce lieu
• *there is, there are*	il y a [ilija]
• *down there*	là-bas
• *up there*	là-haut [lao]
therefore	donc; par conséquent
these [plural of *this*]	ces; ces...-ci
they	ils, elles [il, ɛl]
thick	épais [epɛ]
thin	mince [mɛ̃ːs]
thing	chose [*f.*]
things [pl.]	habits [*m. pl.*]; affaires [*f. pl.*]
think (thought, thought)	penser; croire
• *I think so.*	Je crois.
• *I'll think it over.*	J'y réfléchirai.
thirst // thirsty	soif [*f.*] // altéré
• *I am thirsty.*	J'ai soif.
this, [pl.] these	ce, cet, cette, ces (... ci)
thoroughfare	grand-rue; artère [*f.*]
• *"No thoroughfare"*	« Rue barrée » [*f.*]
thoroughly	à fond; complètement
those [plural of *that*]	ces, ceux (...-là) [sɛ, sø]
though / *as -*	bien que, quoique / comme si
thousand	mille
thread	fil [*m.*]
through	au travers de; par
• *through train*	direct [*train*]
• *« No through way »*	« Passage interdit » [*m.*]
throughout	d'un bout à l'autre
throw (threw, thrown)	jeter [ʒəte]
thumb [finger]	pouce [*m., doigt*]
• *to thumb a lift*	faire du stop, de l'auto-stop
thus	ainsi [ɛ̃si]
ticket / *platform ticket*	ticket [*m.*] / ticket de quai
• *ticket-inspector*	contrôleur [*m.*]
• *ticket-office*	guichet [*m.*] des billets
tidy	net; soigné; propre; ordonné

tie [v.] // **tie** [neck-tie]	**attacher** [ataʃe] // **cravate** [f.]
tight [clothes]	**juste; trop petit** [*vêtement*]
tighten [a screw]	**serrer** [sɛre] *(un écrou)*
time	**temps** [m.] (V. tableau.); **fois** [f.]
• *What time is it?*	Quelle heure est-il?
• *(At) what time is...?*	A quelle heure est...?
• *to have a good time*	s'amuser
• *time-table*	indicateur [m.]
tin	**boîte** [f.] **de conserve**
tin-opener	**ouvre-boîtes** [uvrəbwat] *(m.)*
tip	**pourboire** [m.]; **service** [m.]
tired	**fatigué**
to	**pour; vers** [vɛr]
tobacco // **tobacconist's**	**tabac** (V. tableau.) // **bureau de -**
to-day	**aujourd'hui** [oʒurdɥi]
together	**ensemble**
toilet-case	**nécessaire** [m.] **de toilette**
toll	**droit** [m.] **de passage**
to(-)morrow	**demain** [dəmɛ̃]
to(-)night	**ce soir** [se swaːr]; **cette nuit**
too	**trop; aussi; également**
• *too much*; - *many*	trop [tro] de
tool	**outil** [uti] *(m.)*
tooth, [pl.] **teeth**	**dent** [dɑ̃] *(f.)*
• *to have toothache*	avoir mal aux dents
• *tooth-brush*	brosse [f.] à dents
• *tooth-paste*	pâte [f.] dentifrice
top / **-** [car]	**sommet** [sɔmɛ] *(m.)* / **capote** [f.]
topcoat	**pardessus** [m.]
torch	**lampe** [f.] **de poche; torche** [f.]
touch	**contact** [m.]
tourism	**tourisme** *(m.)* [V. tableau.]
tow	**remorquer** [rəmɔrke]
towards	**vers; envers** [vɛːr, ɑ̃vɛːr]
towel [for face] / **-** [for hands]	**serviette** [f., *de toilette*] / **essuie-mains** [esɥimɛ̃] *(m.)*
town / **town-hall**	**ville** [f.] / **hôtel** [m.] **de -**
toy	**jouet** [ʒuɛ] *(m.)*
trade [craft]	**commerce** [m.]; **métier** [m.]
tradesman, [pl.] **tradesmen**	**marchand** [m.]
traffic [cars, people]	**circulation** [f., *voitures, piétons*]
• *traffic-jam*	embouteillage [m.]; bouchon [m.]
• *traffic-lights* [at crossing]	feux [fø] *(carrefour)*
trafficator [car]	**clignotant** [m., *voiture*]
trail [a caravan]	**remorquer** [*une caravane*]
trailer	**remorque** [f.]; **caravane** [f.]
train	**train** *(m.)* [V. tableau.]
tramcar	**tramway** [m.]
translate // **translation**	**traduire** // **traduction** [f.]
transparency [photo]	**diapositive** [f.]
travel [n.] // **travel** [v.]	**voyage** (V. tableau.) // **voyager**

travellers' cheque	chèque [ʃɛk] *(m.)* de voyage
treatment	traitement [*m.*]
• *beauty treatment*	soins de beauté [swɛdəbote] (V. tableau.)
trespass	entrer sans permission
trespasser	intrus [*m.*]
« Trespassing (no) »	« Défense d'entrer »; « Propriété privée »
trim [hair]	rafraîchir [rafrɛʃiːr] *(cheveux)*
trip	excursion; randonnée [*f.*]
trouble [n.]	peine [*f.*]; dérangement; souci; ennui [ãnɥi] *(m.)*
• *to have engine trouble*	avoir une panne
trouble [v.]	se déranger; s'inquiéter
troublesome	ennuyeux [ãnɥijø]
true	exact
trunk / - [car, U.S.]	malle [*f.*] / coffre arrière [*m.*]
• *trunk-call* [teleph.]	communication interurbaine
• *trunk line* [railway, U. S.]	grande ligne [*ch. de f.*]
trunks	caleçon [*m.*] de bain [kalsɔ̃ de bɛ̃]
trust [n.] / - [v.]	confiance [*f.*] / avoir - en; se fier à...
truth	vérité [*f.*]
try	essayer; goûter
trying	pénible; fatigant
trying-on	essayage [ɛsɛjaːʒ] *(m., vêtement)*
tube	tube [*m.*]; chambre [*f.*] à air; métro [*m.*] (V. tableau.)
tune (up)	régler; mettre au point [*moteur*]
turn	tourner
• *turn off, on*	fermer, ouvrir [*gaz*]
tuxedo [U.S.]	smoking [*m.*]
twelve // twelfth	douze // douzième
twice / - *as much*	deux fois / - plus
two	deux [dø]
typewriter	machine [*f.*] à écrire
tyre, [U.S.] tire	pneu [pnø] *(m.)*
ugly	laid [lɛ]
umbrella	parapluie [*m.*]
under	sous; dessous
underground	souterrain [sutɛrɛ̃]; métro *(m.)* [V. tableau.]
underpass [U.S.]	passage souterrain [*m.*]
understand (understood, -stood)	comprendre
undertake (undertook, -taken)	entreprendre
undertaking	entreprise [*f.*]
underwear	sous-vêtements; dessous [*m. pl.*]
undress	(se) déshabiller
unhurt	indemne; sain et sauf
unite	unir; réunir
United States of America	États-Unis d'Amérique

unless	à moins que [amwɛ̃kə]
unnecessary	inutile [inytil]
unripe	pas mûr, vert [*fruit*]
unsafe	peu sûr [pøsyːr]
untie	dénouer
until	jusqu'à ce que
unusual	anormal
unwell	souffrant
up	en haut [ão]; vers le haut
• *What's up?*	Qu'est-ce qui se passe?
upside down	à l'envers [alãvɛːr]
upstairs	en haut; à l'étage supérieur
us [objective]	nous [nu]
usage	usage [yzaːʒ] *(m.)*; coutume [*f.*]
use [v.] // use [n.]	user; utiliser / usage [*m.*]; emploi [*m.*]
used / *to get -...*	accoutumé / s'habituer à...
• *used car*	voiture d'occasion
• *to be used to...*	avoir l'habitude de...
useful // useless	utile // inutile
usual // usually	habituel // d'ordinaire
• *as usual*	comme d'habitude
utmost [adj.]	extrême
• *to do one's utmost to...*	faire l'impossible pour...
vacancy	chambre libre, vacante [*f.*]
various	divers [divɛːr]
veal [meat]	veau [*m.*]
vegetable	légume [*m.*]
verb	verbe (V. tableau.)
very	très [trɛ]; même
vest [undershirt]	maillot [*m.*] de corps
view	vue [*f.*]; perspective [*f.*]
visa [v.]	faire viser [*un passeport*]
visit	visiter; aller voir (V. tableau VISITE.)
visitor	visiteur [*m.*]; voyageur [*m.*]
• *visitor's tax*	taxe [*f.*] de séjour
voyage [sea travel]	traversée [*f.*]; voyage [*m.*]
• *voyage* [U.S., *air travel*]	voyage [*m., en avion*]
waistcoat	gilet [*m.*]
wait	attendre
waiter [restaurant]	garçon [garsɔ̃] *(m.)*
waiting	stationnement [*m.*]
• *"No waiting"*	« Stationnement interdit »
waiting-room	salle d'attente [saldatãːt] *(f.)*
waken	réveiller [revɛje]
wake up (woke, woken or waked)	(se) réveiller
walk [n.]	marche; promenade (V. tableau.)
• *to take a walk*	se promener
walk [v.]	marcher
wallet [note-case]	portefeuille [pɔrtəfœj] *(m.)*

want	vouloir; avoir besoin de
warden [of a youth hostel]	père (ou mère) aubergiste
wares [pl.]	marchandises [f. pl.]
warm // warmth	chaud [ʃo] // chaleur [f.]
warn	avertir; prévenir
wash / - up	laver [lave] / - la vaisselle
washing	toilette [f.]; lavage [m.]
washroom [U.S.]	toilettes [twalɛt] (f. pl.)
waste	perdre; gaspiller
watch [n.]	montre [f.]
watch [v.]	veiller [vɛje]; observer; guetter
water	eau [o] (f.)
watering-place / - [seaside resort]	station [f.] thermale / plage [f.] (V. tableau.)
waterproof	imperméable [m.]
wave [of hair] / - [sea]	ondulation [f.]; vague [f.]
• *wave setting*	mise en plis
• *permanent wave*	ondulation permanente
way	chemin [m.]; voie [f.]; moyen [m.]; façon [f.]
• *which way? / this way*	par où? / par ici
• *by the way*	à propos
• *to be in the way*	gêner; embarrasser
• *one way street*	sens unique
• *way in*	entrée [ɑ̃tre]
we	nous [nu]
weak	faible
wear (wore, worn) [clothes]	porter [*vêtements*]
weary	las, lasse
weather	temps (V. tableau.)
week	semaine [səmɛːn] (f.) [V. tableau JOURS DE LA SEMAINE.)
• *to-day week*	d'aujourd'hui en huit
weigh	peser

weights and measures :	poids et mesures :
length	longueur
inch	2,54 cm
foot (12 inches)	30,48 cm
yard (3 feet)	0,91 m
mile	1,609 m
surface	surface
1 sq inch	6,45 cm²
1 sq foot	9,28 dm²
1 sq yard	0,836 m²
acre	0,405 ha
sq mile (640 acres)	2,590 km²
capacity	capacité
pint	0,57 l
quart (2 pints)	1,14 l

gallon (8 pints)	4,545 l
barrel (36 gallons)	1,64 hl
weights (avoirdupois)	poids
grain	0,64 g
ounce	28,35 g
pound (16 ounces)	453,59 g
ton	1 017 kg
cubic measures	volume
cubic inch	16,38 cm³
cubic foot	28 dm³
cubic yard	0,764 m³

welcome	**bienvenu**
• *You're welcome!*	Je vous en prie! De rien!
well / *to be -*	**bien** [bjɛ̃] / se porter -
well-bred	**bien élevé**
well-done [cooking]	**à point**
west	**ouest** [wɛst] *(m.)*
wet	**mouillé** [muje]; **humide**
wharf	**quai** [kɛ] *(m.)*
what / -?	**ce qui; ce que** / **que? quoi?**
whatever	**quelconque; quelque... que**
wheel	**roue** [ru] *(f.)*
• *back-, front-, spare-wheel*	roue arrière, avant, de secours
when	**quand** [kɑ̃]
where / -?	**où** / **où?** [u]
wherever	**où que ce soit; n'importe où**
whether	**si**
which / -?	**ce qui; ce que; que** / **lequel? quel?**
while	**pendant que** [pɑ̃dɑ̃kə]
white	**blanc, blanche** [blɑ̃, blɑːʃ]
Whitsuntide	**Pentecôte** [*f.*]
who / -?	**qui** / **qui?**
whole	**tout; ensemble; entier**
wholesale	**en gros**
wholly	**entièrement**
whom / -?	**que** [kə] / **qui? que?**
whose	**dont; de qui; duquel**
• *Whose is this?*	A qui est ceci?
why?	**pourquoi?** [purkwa]
wide	**large**
wifc	**épouse** [*f.*]
will / -, (would) [v.]	**volonté** [*f.*] / **vouloir**
win (won, won)	**gagner** [*un prix, au jeu*]
wind	**vent** [vɑ̃] *(m.)*
window / - [boutique] / - [car]	**fenêtre** [*f.*]; **guichet** [*m.*] / **devanture** [*f.*] / **glace** [*f.*]
windscreen; windshield [U.S.]	**pare-brise** [*m.*]
windy (it's)	**il fait du vent**
wine	**vin** [vɛ̃] *(m.)*

winter	hiver [ivɛːr] *(m.)*
wipe	essuyer [ɛsɥije]
wireless	radio [*f.*]
wish	désirer; souhaiter
withdraw (withdrew, withdrawn)	retirer [*bagages*]
within	à l'intérieur
without	sans [sã]; à l'extérieur
witness	témoin [*m.*]
woman; [pl.] women	femme [fam] *(f.)*
wood // wooden	bois [*m.*] // de bois
wool // woollen	laine [*f.*] // de laine
word	mot [mo] *(m.)*
work [n.]	travail [*m.*]
work [v.]	travailler; fonctionner
world	monde [*m.*]
worry / - [to bother]	(s')inquiéter; (se) tracasser
worse // worst (the)	pire [piːr]; pis // le pire
worth [n.] / - [adj.]	valeur [*f.*] / valant [*adj.*]
• *It's worth-while.*	Cela en vaut la peine.
wound [n.] // wound [v.]	blessure [*f.*] // blesser
wrap // wrapping	envelopper // emballage [*m.*]
wrist-watch	montre-bracelet [*f.*]
write (wrote, written)	écrire
wrong	tort [tɔːr]; faux; erroné
• *I'm wrong.*	J'ai tort.
• *at the wrong time*	au mauvais moment
• *Wrong number!* [tel.]	C'est une erreur! [*tél.*]
• *wrong side*	envers [*l'opposé de l'endroit*]
wrongly	à tort [atɔːr]
year	année [*f.*]; an [*m.*]
yes	oui [wi]
yesterday	hier [ijɛːr]
• *the day before yesterday*	avant-hier [avãtijɛːr]
yet	encore; jusqu'à présent; davantage; toutefois; pourtant
you	vous (V. tableau.)
young	jeune [ʒœn]
• *young man / young girl*	jeune homme / jeune fille
yourself	vous [*réfléchi*]; vous-même
yourselves	vous-mêmes
youth	jeunesse [*f.*]; les jeunes [*m. pl.*]
• *youth hostel*	auberge de la jeunesse; AJ
• *youth hosteller*	aubergiste
zebra-crossing	passage [*m.*] pour piétons [pjetõ]
zip-fastener; zipper [*U.S.*]	fermeture à glissière [*f.*]

BERGER-LEVRAULT, NANCY/Nº 779593
Dépôt légal : 1964/Nº série Éditeur : 11492
Imprimé en France (*Printed in France*) - 401201-U-janvier 83

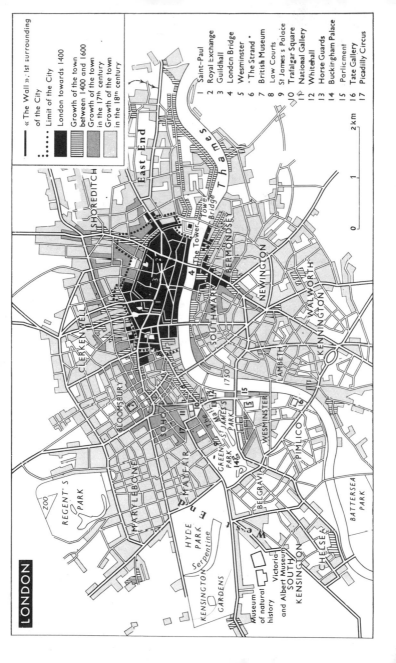

LONDON

« The Wall », 1st surrounding of the City

Limit of the City

London towards 1400

Growth of the town between 1400 and 1600

Growth of the town in the 17th century

Growth of the town in the 18th century

1 Saint-Paul
2 Royal Exchange
3 Guildhall
4 London Bridge
5 Wesminster
6 "The Strand"
7 British Museum
8 Law Courts
9 St James's Palace
10 National Gallery
11 Trafalgar Square
12 Whitehall
13 Horse Guards
14 Buckingham Palace
15 Parlicment
16 Tate Gallery
17 Picadilly Circus

0   1   2km

SHOREDITCH

East End

CLERKENWELL

BLOOMSBURY

The Tower
Tower Bridge

BERMONDSEY

SOUTHWARK

NEWINGTON

SOHO

WESMINSTER

LAMBETH

WALWORTH

KENNINGTON

MARYLEBONE

MAYFAIR

GREEN PARK
ST JAMES
PARK

PIMLICO

BELGRAVIA

REGENT'S PARK

ZOO

HYDE PARK

Serpentine

KENSINGTON GARDENS

Museum of natural history

Victoria and Albert Museum

SOUTH KENSINGTON

CHELSEA

BATTERSEA PARK

Thames

1750

1400

PARIS

Gare
de Marchandises

Cimetière
de Montmartre

Lycée
J.-Ferry

AV. DE CLICHY

PEREIRE

AVENUE Pl. Pereire

WAGRAM

Lycée
Carnot

LES BATIGNOLLES

Place Clichy

Place Pig

PLAINE
MONCEAU

Musée Lycée Chaptal
Cernuschi Conservatoire nat.
de Musique

LES TERNES

Parc Monceau

Musée N.
de Camondo

Europe

RUE DE CLICHY

Musée
G. Moreau

Musée
Jacquemart-André

St-Augustin

Lycée
Racine

Gare
St Lazare

Lycée
Condorcet

Arc de Triomphe
de l'Étoile

Place

AV. DE FRIEDLAND

St-Philippe
du-Roule

Opéra

VICTOR-HUGO

Min. de
l'Intérieur

la
Madeleine

CHAILLOT

Palais de
l'Élysée

Place Vendôme

Biblio.
Nat.

Musée
Guimet

Musée
Galliera

Gd Palais

Petit
Palais

Place
de la
Concorde

Jeu de
paume

Comédie-
Française

Musées des Monuments français
et des Arts et Traditions populaires

COURS ALBERT 1er COURS LA REINE

Pt des
Invalides

Gare des
Invalides

Pont de la
Concorde

Jardin
des
Tuileries

Musée des
Arts décor.

Palais
de Chaillot

Musée
d'Art
moderne

Pt de
l'Alma

Alexandre III

Orangerie

Musée
du Louvre

Pt du
Carrousel

Musée de l'Homme
et Musée de la Marine

Palais
Bourbon

École des
Beaux-Arts

PASSY

esplanade DES

N.lle Faculté
de Médec.

Tour Eiffel

Min. de
la Guerre

Invalides

St-Germain-
des-Prés

Champ

Hôtel
des
Invalides

Hôtel Biron
(Musée Rodin)

St-Germain-F

Musée
(Musée Rodin)

Lycée
Victor-
-Duruy

H.l Matignon

St Sulpice

GRENELLE

École Militaire

UNESCO

Hôpital
Laennec

Théâtre de Fran
Palais du
Luxembourg

ÉMILE-ZOLA

Musée
postal

Jardin du
Luxembourg

Hôpital des Enfants-
Malades et
Necker

Lycée
Camille-Sée

Lycée
Buffon

Gare Montparnasse

Lycée
Montaigne
Éc. de Pharmacie

VAUGIRARD

Institut
Pasteur

Cimetière
du
Montparnasse

St-Vincent-
de-Paul

Gare de
marchandises

Observa

RAYMOND-LOSSERAND

Hôpital 0   1000m.
Broussais

D'ALÉSIA

	Monument		Service public
	Gare		Enseignement supérieur et bibliothèque
	Espace ferroviaire et bâtim.t d'exploitation	▼	Lycée
	Marché, entrepôt, parc d'exposition	★	Musée
	Parc, square ou stade	▲	Ambassade ou légation
† †	Cimetière	✦	Lieu de culte
		★	Grand magasin
		■	Grand cinéma ou groupe de cinémas
		▢	Théâtre

à la même librairie :